무비랜드 메이킹북
매일의 일을 만드는 여정

MOVIE LAND MAKING BOOK

무비랜드 메이킹북

매일의 일을 만드는 여정

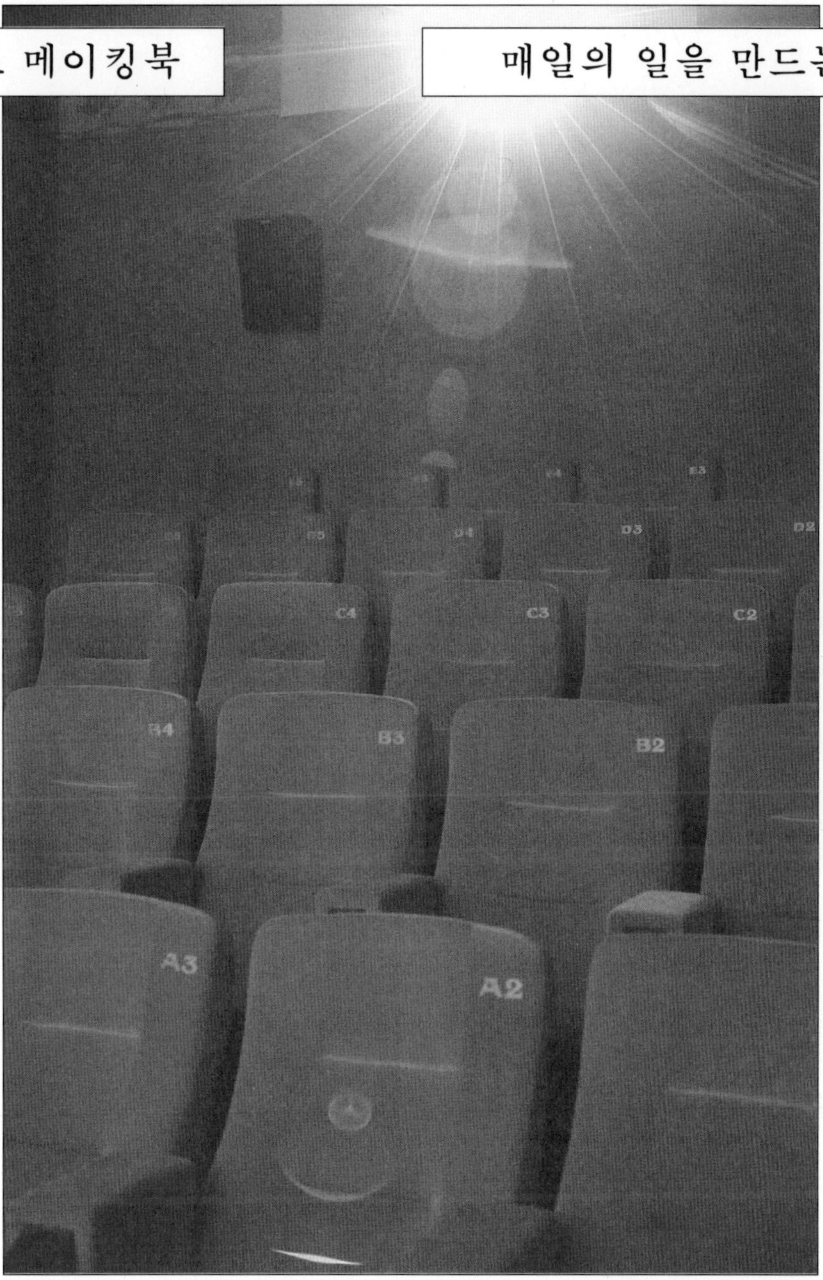

©이주연

무비랜드는 재미있는 일을 오래오래 하기 위한 애씀의 과정이다. 허공에서 머물던 생각을 땅바닥에 내려, 매일의 일을 만드는 여정이었다고 생각한다. 각자의 굴레 속에서 이 생각들이 작은 실마리로 닿으면 좋겠다.
— 221쪽

무비랜드 메이킹북
매일의 일을 만드는 여정

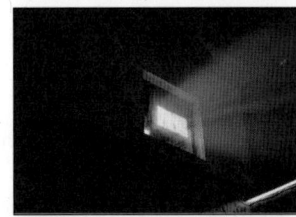
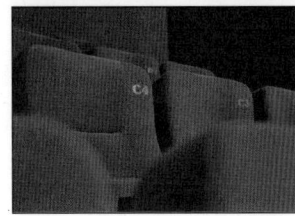

무비랜드 Movie Land

무비랜드는 2024년 2월 개관한 30석 규모의 단관 극장으로,
매달 큐레이터를 선정해 그들이 고른 구작 영화를 상영한다.
개관 후 문상훈, 박정민, 신우석, 이제훈, 엄정화 등이 큐레이터로
참여했다. 왓챠, 비너스, 브루터스 등 다양한 분야의 브랜드와
협업하며, 감도 높은 큐레이션 극장으로 자리매김하고 있다.

소호 Soho / 지은이

무비랜드 극장주. 2020년 2월 모춘과 함께 크리에이티브
스튜디오 모빌스그룹을 창업했다. 자체 브랜드 전개와
디자인/마케팅 크리에이티브 에이전시로서의 일을 병행한다.
창업 초기에 브랜드 '모베러웍스(Mobetterworks)'를
전개했으며, 현재는 '무비랜드(Movie Land)'를 중심으로
활동하고 있다.

그 세분화된 경험 속에 새로운 가능성이 있다고 생각했다. 멀티플렉스 극장에서 신작을 보거나, 독립 극장에서 예술영화를 보는 대신, 한 사람이 고른 영화를 감상하는 것. 영화를 고른 사람의 시선과 취향을 통해 영화를 다시 보게 되고, 그 사람에 대한 이해도 더 깊어진다. 이것이 영화 감상 경험의 새로운 선택지가 될 수 있지 않을까?
— 20쪽

추천사

마음속 한구석에 나만의 정원을 가꾸는 일을 매일 상상한다.
소중한 것들과 좋아하는 마음들을 아낌없이 모아둔, 귀한 사람일수록
매일 초대하고 싶은 그런 정원을 그리며 퍽퍽한 하루를 보낸다.
효율성이나 수익률, 손해 보지 않는 선택만을 좇는 세상에서 단단한 심지로
근사한 정원을 가꿔 온 사람들의 이야기가 여기 있다.
그러나 그것은 정원에 관한 이야기만은 아닐 것이다.

현실에 대해, 생계에 대해, 유행에 대해, 사람들의 취향에 대해, 내가 좋아하는
것과 시대가 좋아하는 것에 대해, 내 길이 맞는지에 대해, 세상이 너무 빠르게
흘러가는 것이 아닌지에 대해, 이러다 내가 지켜야 할 것과 놓아야 할 것을
분간하지 못하게 되는 것이 아닐까에 대해, 내가 사랑하는 것이
남들에게 사랑받지 못할 때의 좌절과 그럼에도 나만이 알아봤다는
희열에 대해.

결정적으로 어떤 것을 마음을 다해 소실될 만큼의 사랑을 해봤던 사람들만이
말할 수 있는 비망록이다.

수많은 대체재들이 있지만 결국 어떤 것으로도 대체될 수 없는.
연필.
연필 같은 나의 정원.

나의 무비랜드여 영원하라.

                                                              ─ 문상훈(코미디언)

구상

I   사업 존폐 위기

회사원에서 자영업자로

시작은 유튜브였다. 2019년, 나와 모춘은 비슷한 시기에 라인(LINE)이라는 회사를 퇴사했다. 우리는 사내 커플이었고 함께 살고 있었다. 퇴사를 앞둔 어느 날 밤, 우리는 허름한 집 앞 카페에서 유튜브를 시작한다. 콘티도 계획도 없이 카메라를 켜고, 모춘은 브랜드를 만들겠다는 출사표를 던진다. "그냥 해보자 일단"이라는 말로 시작하는 영상. 모춘의 앞 글자를 따고, 미국의 MTV 로고를 베껴서 모티비(MoTV)를 만들었다. 그 유튜브 채널에 고군분투 브랜드 제작기를 날것으로 담았다. 📍

모티비 1화

그 과정에서 만든 브랜드가 모베러웍스(Mobetterworks)다. 라인에서 함께 일한 6~7년의 시간 동안 우리에게 가장 중요한 화두는 '일'이었다. 그리고 회사로부터 자립하면서는 '더 나은 일'이라는 뜻을 가진 브랜드를 내세워 일에 대해 이야기하고, 일을 좋아하는 사람들을 만나고 싶었다. 일하며 겪는 여러 가지 고군분투의 상황들을 유튜브에 러프하게 담았다. 과정은 험난했지만 표현만큼은 유쾌하고 싶었기에, 'A Little Joke for Free Workers'라는 슬로건 아래, 'ASAP(As Slow As Possible)', 'No Agenda', 'Small Work Big Money', 'Out of Office'와 같은 메시지들을 만들었다. 회사라는 울타리를 벗어나 주체적으로 일하고자 하는 마음을 담았다.

　일에 대해 하고 싶은 이야기가 많았다. 회사 밖에서 나에게 맞는 속도로 일할 수 있을까? 쏟아지는 어젠다로부터 벗어날 수 있을까? 하기 싫은 일은 적게 하면서 돈은 많이 벌려면 어떻게 해야 할까? 꼭 사무실에서만 일해야 할까? 스스로 질문하고 해답을 찾아가는 과정이 자연스럽게 메시지로 이어졌다. 그리고 제품은 우리가 메시지를 표현하는 수단이었다. 티셔츠는 메시지를 전달하는 포스터의 역할을 했다.

사람들은 우리 생각에 대한 지지와 응원의 의미로 메시지가 새겨진 제품들을 구매해주었다. 2020년 노동절에 열린 첫 브랜드 팝업 스토어에는 약 7천 명의 사람이 방문했고, 이듬해에는 약 1만 명의 인파가 몰렸다. 1년에 한 번,

일하는 사람들이 모여 각자의 일에 대해 한 번쯤 돌아보는 시간이 되길 바라는
마음으로 기획한 행사였다. 제품을 판매하는 팝업의 형태였지만, 행사를 찾은
사람들과 함께 일에 대한 이야기를 나누고, 응원하는 메시지를 롤링 페이퍼에
남기고, 복(福) 부적을 쓰며 서로의 기운을 북돋아주는 자리이기도 했다.
2020년과 2021년 두 해 동안 성공적으로 행사를 치렀다. 🐗

       2021년 출간한 브랜드 에세이 《프리워커스Free Workers》는 출간 즉시
종합 베스트셀러에 오르며, 지금까지 약 5만 부가 판매됐다. 또한 뉴발란스,
SKT, 오뚜기 등 브랜드 협업을 진행할 때마다 업계에서 주목받았고,
신한카드와 협업해서 만든 모베러웍스 신용카드는 약 10만 장 이상 발급되며
화제를 불러 모으기도 했다. 🐗

모베러웍스 노동절 행사

당시 사업 구조는 B2C(Business to Consumer)와 B2B(Business to Business)
두 가지 축으로 나뉘었다. 모베러웍스 브랜드는 소비자를 대상으로 온라인
자사몰과 오프라인 팝업 스토어에서 제품을 판매했고, 이와 동시에
모빌스그룹의 이름으로 브랜드 디자인 에이전시로서의 기업 대상 외주
업무를 병행했다. 모춘과 내가 브랜딩 업계에서 10여 년간 일한 경험을
바탕으로 주변인들로부터 외주 일을 수주할 수 있었다. 모베러웍스
브랜드의 메시지나 개성과는 무관하게, 파트너 브랜드의 문제 해결에
집중한 프로젝트들이었고, 외부로 드러나진 않았지만 오랜 시간 공을

신한카드 협업 모베러웍스
신용카드

들였다. 구글 플레이, 크림, 신세계건설, 로지텍과 같은 팀들과 협업했고,
브랜드 디자인 분야의 전문성을 쌓을 수 있는 중요한 경험이 되었다.
나아가 B2B 프로젝트로 얻은 수익은 B2C 브랜드 활동을 안정적으로 이어갈
수 있는 기반을 만들어줬다. 제품 판매의 경우 제조 원가나 유통 수수료
등을 떼면 영업이익률이 낮은 데 비해, 에이전시 외주 업무는 인건비 외에는
별도로 들어가는 비용이 없기에 수익률이 높았다.
       모빌스그룹은 다양한 프로젝트를 수행하며, 개성 강한 자체
브랜드와 팬덤을 보유한 디자인 스튜디오로 자리 잡기 시작했다. 2019년
개인사업자로 시작한 팀은 2020년 법인이 되었고, 2021년 구성원 7명의
팀이 되었다.

창업 3년 차, 팀의 존폐 위기

2019년 퇴사 후 독립하는 과정에서 선언처럼 했던 말들은 브랜딩을
전개하면서 대부분 실현되었다. 가능한 천천히 나에게 맞는 일의 속도로
일했고(As Slow As Possible), 때로는 모든 어젠다로부터 멀어져 휴식을
취했다(No Agenda). 하기 싫은 일은 줄이며 큰돈을 벌기도 했으며(Small
Work Big Money), 사무실 밖에서 자유롭게 일해보기도 했다(Out of Office).
그 과정에서 일은 '삶'을 더 잘 살기 위한 필터가 됐다. 일이라는 필터를 통해
돈도 벌고 관계도 쌓고 자기실현도 할 수 있었다. 우리에게 일을 잘하는
것이란, 일하는 사람으로서의 삶을 온전히 잘 꾸린다는 것을 의미했다.

　그러나 점차 이런 생각을 표현하기에 그동안 만들었던 메시지가
단편적이고 일방적인 데 머문다고 느꼈다. 'ASAP(As Slow As Possible)'라는
한 문장만으로 일의 속도에 대한 우리의 생각이 모두 표현될 수 없었다.
'더 나은 일(More Better Works)'에 대한 메시지는 '더 나은 삶(More Better
Life)'에 대한 이야기로 확장되어야 했다. 보다 넓은 차원의 이야깃거리들이
필요했다. 시간이 지날수록 단편적인 메시지들을 만들어내는 것이
무의미하게 느껴졌다. 제품 제작과 판매를 위한 메시지를 억지로 만들어야
하는 일이 많아졌다. 아이디어가 고갈되었고, 억지로 짜낸 메시지는
거짓처럼 보이기도 했다.

유튜브 제작의 피로함도 문제를 가중시켰다. 유튜브 채널 모티비를 통해
다큐멘터리 형식으로 일하는 과정을 실시간으로 공개했기에 그에 따른
반응과 평가도 실시간으로 이루어졌다. 대부분은 작업의 완성도를 높이는
긍정적인 피드백이었지만, 단편적인 판단이나 조언들은 되레 일을 방해했다.
점점 외부 반응을 의식하게 되었고, 콘텐츠 제작이 건강하지 못한 구조로
흘러갔다. 보여주기 위한 콘텐츠들이 무리한 속도로 만들어졌다.

　문제의 정점은 2021년 연말에 열린 팝업 스토어였다. 노동절 팝업이
연달아 화제가 되며, 현대백화점 더현대 서울로부터 입점 제안을 받게 되었다.
우리는 1년에 한 번 진행하는 노동절 외의 팝업은 의미가 없을 뿐더러,

리소스도 감당하기 어렵다는 판단으로 제안을 거절했다. 그러나 파격적인
수수료 조건, 유동인구가 가장 많은 자리, 한 달이라는 기간을 제안 받자 덜컥
욕심이 났다. 수억 원의 매출은 따놓은 당상이라고 생각했다.

결국 2021년 연말, 리소스를 생각하지 않고 무리한 일정으로 백화점
팝업 스토어를 강행했다. 백화점 팝업은 그동안의 팝업과는 차원이 달랐다.
노동절 팝업은 우리를 응원하는 사람들과 만나는 장이었지만, 백화점에서는
우리의 서사를 모르는 불특정 다수와 마주해야 했다. 그들에게 우리가 파는
제품들은 이유 없이 비싼 굿즈에 불과했다. 백화점 영업 종료 후에야 시작할
수 있었던 밤샘 공사, 수천 개의 재고 관리와 디스플레이, 한 달 동안의 운영
인력 구성까지, 어느 하나 쉬운 것이 없었다. 팝업 종료 시간이 다가올수록
재고 부담은 커졌고, 급하게 판촉 마케팅을 기획하며 소진에 몰두해야 했다.
그 어느 행사보다 많은 힘을 쏟았지만 남은 것은 수억 원어치의 재고,
한 멤버와의 이별, 그리고 번아웃이었다.

폭풍 같은 한 달이 지난 후 2022년 1월, 남은 재고와 집기를 사무실 창고로
옮겼다. 2.5톤 트럭 여섯 대를 불렀다. 추운 겨울, 엘리베이터도 없는 5층
사무실로 짐을 나르느라 다 같이 탈진할 뻔했다. 이사를 끝낸 후 너 나 할
것 없이 에너지가 바닥났다. 창업한 지 만 3년을 앞둔 시기였다. 백화점
팝업 스토어의 여파로 2022년 봄까지 3개월 넘게 유튜브 채널에 동영상을
올리지 못했다. 멤버들은 저마다 휴가를 떠났다. 그러는 사이 브랜드 활동은
잠시 중단되었다. '예전만 못하다'라는 말들이 수면 위로 떠올랐다. 브랜드가
무너지는 것을 눈으로 보면서도, 방법을 찾지 못해 답답한 날들이 이어졌다.
갈증을 해소할 돌파구가 필요했다. 🐾

성과로만 보면 한 달간 진행한 백화점 팝업 스토어의 매출은 우수했다.
브랜드의 대세감을 준 것도 사실이다. 그러나 외부적인 성과와는 별개로,
내부적으로 한계에 달했다는 느낌을 지울 수 없었다. 리셋 버튼이 있다면
누르고 싶은 심정이었다. 이대로는 브랜드를 지속할 수 없다고 판단했다.
무엇보다 더 이상 '일'에 대해 하고 싶은 말이 없었다. 메시지가 모베러웍스

2022년 1월 이사 날

브랜드의 핵심이었기에, 메시지의 고갈은 곧 브랜드의 끝을 의미했다.
일에 대한 메시지가 보다 넓은 차원의 이야깃거리로 확장되지 않는다면
브랜드는 더 이상 존속할 수 없다고 생각했다. 일에 머무르지 않고,
다양한 작업과 삶의 이야기로 시야를 넓혀야 했다.

당시 모베러웍스는 '팝업 브랜드'처럼 보였다. 하나의 스테디셀러를 꾸준하게
파는 대신, 그때그때 하고 싶은 이야기를 중심으로 프로젝트를 만들고,
그에 맞는 사람들과 협업했다. 프로젝트에 따라 사람들이 모였다가 흩어지고,
티셔츠를 팔다가 가구를 팔고, 노트를 팔다가 라이브 콘텐츠를 팔았다.
그래서인지 "무슨 일 하는 팀인지 정의할 수 없다"는 평가도 자주 들었다.
　　유튜브 플랫폼을 기반으로 가볍고 재밌게 활동해왔지만, 오래 지속하기
위해서는 흔들리지 않는 하나의 중심축이 필요했다. 구글에서 어느 날 모티비
채널을 폭파한다고 하더라도, 그에 영향 받지 않고 독자적으로 존속할 수 있는
기반을 만들어야 한다고 생각했다.

공간 마련의 꿈

먼저 공간부터 구했다. 어떤 일을 하든 주축이 되는 공간이 필요하다고
생각했기 때문이다. 브랜드의 형태가 어떻게 바뀌더라도, 팀의 기반이
되어주는 물리적 실체가 있길 원했다. 순진한 생각일 수 있지만, 공간만 있으면
어떻게든 재미있는 아이디어로 채울 수 있을 거라는 자신감이 있었다.
2022년 초, 당시 유동인구가 많아지고 있던 성수동으로 터를 잡기로 결정했다.
애초부터 임대는 고려하지 않았다. 2~3년 동안 모은 법인 잉여자금과
대출을 활용해 부동산 매입을 해야 한다고 생각했다. 일종의 '내 집 마련의 꿈'
같은 감각이었다. 성수동에서 2014년부터 자그마치, 오르에르, 포인트오브뷰
등 여러 공간을 만들어온 '아틀리에 에크리튀' 김재원 대표에게 조언을
구했고, 공인중개사를 소개 받았다.
　　마침 연무장길 골목에 오래된 주택이 매물로 나왔고, 골목이긴 했지만

유동인구가 가장 많은 연무장길 대로변과 가까워 투자 가치가 있다고
판단했다. 층당 약 20평 규모의 2층짜리 구옥이었고, 매입가는 32억 원이었다.
그동안 외주 프로젝트로 만든 잉여자금에 더해, 은행으로부터 건물 가격의
80%를 대출 받았다. 이후 신용보증기금에서 혁신기업으로 평가 받아 추가
자금 7.5억을 대출 받을 수 있었다. 건물 가격 외에 중개수수료, 용도변경
설계비, 취득세 등 예상보다 많은 비용이 발생해 3억의 운영 자금을 추가로
대출 받았고, 마이너스 통장을 개설했다. 매달 발생하는 약 1천만 원의 대출
이자는 임대료를 내는 셈 치기로 했다. 2022년 4월 27일, 잔금을 모두 치르던
날 느꼈던 후련한 기분이 생생하다. 첫 집들이에 친구들을 초대하듯이,
모빌스그룹의 소유가 된 주택 옥상에 멤버들을 불러 모았다. 캠핑 의자를
깔았고, 편의점에서 맥주와 과자를 사왔다. 모춘과 나는 곧 쓰러질 것 같은
그 주택을 극장으로 만들겠다고 이야기했다. 멤버들은 갑작스러운 선언에
당황한 기색이 역력했지만, 오랜 침체기 끝에 찾은 새로운 목표는 팀에 기분
좋은 기대감을 불어넣었다.

은행과 기관으로부터 대출을 받는 과정에는 번거롭고 귀찮은 일들이 많았다.
그동안의 법인 실적과 수익 구조를 증빙하는 자료를 꼼꼼히 정리해야 했고,
서류를 떼러 구청과 세무서 등을 자주 오갔다. 특히 사업계획서 자료를 만드는
일이 가장 골치 아팠다. 당시에는 공간을 어떻게 사용할지에 대한 구체적인
아이디어가 없었기 때문이다. 대출을 위해 없던 계획을 있는 것처럼 만들어야
했는데, 신기하게도 그 과정에서 생각이 발전됐다.
    사업계획서의 핵심은 '이 공간이 이야기 플랫폼의 역할을 할 것'이라는
가설이었다. 모베러웍스가 그랬던 것처럼, 브랜드는 고유한 이야기를 가진
존재이고, 우리가 만드는 공간이 그 이야기들의 쇼룸이 될 수 있다고 보았다.
다소 추상적이었지만, 다양한 브랜드들이 이 공간에서 각자의 이야기를
펼치고, 그 이야기가 공간에 축적되는 구조를 상상했다. 그럴싸한 말은
다 갖다 붙였음에도 이해하기 어려운 문장이 돼버린 것 같아 부끄럽지만
당시 사업계획서의 목표는 다음과 같다. "브랜드 유니버스가 펼쳐지는
커뮤니티 플랫폼을 만든다."

극장에서 실마리를 찾다

사업계획서를 준비하던 2022년 봄, 모춘과 나는 이야기를 많이 나누었다.
대출만 원활하게 진행되면 공간은 마련할 수 있을 것 같은데, 그 공간을
무엇으로 채워야 지속 가능한 구조가 될 것인지에 대해서는 계속 공백으로
남아 있었다. '일'에 대해 하고 싶은 말이 고갈되었다고 느끼던
시점이었기 때문에, 앞으로 어떤 '이야기'를 할 것인지가 당시의 화두였다.
그리고 그 이야기가 공간에 잘 녹아들 수 있는 그림을 상상했다.

　　세상에는 여러 종류의 공간이 있다. 리테일 숍, 카페, 레스토랑,
서점, 학원…. 이 중 하나를 선택한다고 가정했을 때 몇 가지 그림이
떠올랐지만 무엇이든 식상했다. 그러던 어느 날 모춘이 미국의 패션 브랜드
브레인데드(Braindead)에서 운영하는 페어팩스 시어터(Fairfax Theater)
이야기를 꺼냈다. 공간의 옵션 중에 극장이라는 형태도 있다고 흘리듯
말했는데, 나는 그 순간 불이 반짝 켜지는 느낌을 받았다. 페어팩스 시어터는
1930년대에 지어진 LA의 오래된 극장을 개조해 만든 극장으로, 브레인데드의
개성을 독특한 방식으로 드러내는 공간이다.

　　극장에 대한 생각은 이로부터 시작되었다. 영화란 이야기의 총체였다.
삶 그 자체이기도 했다. 메시지의 한계를 느끼던 시점에서, 영화라는 매개체가
마르지 않는 샘처럼 다가왔다. 실현 가능성과는 별개로, 극장이라면 '이야기
플랫폼'이라고 말할 수 있겠다고 생각했다. 영화가 좋아서 하루에 두세 편씩
보던 기억과 버무려져 가슴이 뛰었다.

영화 한 편을 두고 할 수 있는 이야기가 많았다. 영화는 이야기의 서사뿐만
아니라 시대적 배경, 미술, 의상, 음악 등이 어우러진 종합 예술이기 때문이다.
감독, 배우, 제작자 등 영화를 둘러싼 사람들도 다양했다. 보는 사람에 따라
재해석된다는 점도 흥미로운 지점이었다. 비하인드 스토리를 디깅하는
재미도 있다. 잘 알려지지 않은 명작들도 무궁무진했다. 극장을 만든다는 것이
허무맹랑하게 느껴지기도 했지만, 오랜 침체기 끝에 다시금 '하고 싶다'는
감각이 생겼다는 부분이 더 큰 의미로 다가왔다. 명함에 '극장주' 세 글자를

넣을 수 있다는 것이 동기부여가 됐다. 극장을 만든다는 목표는 멤버들에게도 새로운 활력을 불어넣었다.

　'어떤 영화를 틀 것인가'의 문제가 뒤따랐다. 영화를 이야깃거리의 관점으로 봤기 때문에, 신작보다는 구작 영화가 적합하다고 생각했다. 신작 영화는 정해진 개봉 일정을 따라야 하지만, 구작은 우리가 하고 싶은 이야기에 따라 주체적으로 선정할 수 있다는 점이 매력적이었다. 다만 브레인데드의 페어팩스 시어터와 같이 브랜드의 관점으로 영화를 고른다면, 장기적으로는 한계가 있을 거라 생각했다. 브랜드의 개성이 더 뾰족하게 드러날 수는 있겠지만, 우리가 자체적으로 큐레이션한다고 가정하고 영화를 꼽아봤을 때 100편을 채우기가 힘들었다. 영화에 대한 전문성도 없을 뿐더러, 고른다 해도 100편 상영 이후 폐업할 수는 없는 노릇이었다. 다른 큐레이션 방식이 필요했다.

고민을 안고 떠난 휴가 길, 차 안에서 문득 이런 생각이 스쳤다. '영화를 먼저 고르지 말고, 영화를 고르는 사람을 먼저 선정한다면?' 사람마다 인생 영화가 있고, 그렇게 고른 영화는 그 사람의 경험과 취향을 드러낸다. 영화를 매개체로 그 사람의 이야기를 담는 구조가 그려졌다. 세상에 다양한 사람이 있는 만큼 영화의 갈래도 더 다양해질 수 있을 것 같았다. 그 이야기들을 잘 담는 그릇의 역할을 한다면, 지속 가능한 구조가 될 수 있을 거라고 생각했다.

　이 아이디어는 잡지에서 힌트를 얻은 것이기도 했다. 일본의 《브루터스Brutus》, 영국의 《모노클Monocle》, 한국의 《매거진 B》처럼 오래된 잡지들은 저마다 고유한 관점이 있고, 매달 반복되는 틀이 있으며, 그 안에서 변주하며 이야기를 담아낸다. 극장을 잡지처럼 운영하면 되겠다고 생각했다. 잡지가 그달의 테마를 정하듯 매달 큐레이터를 선정하고, 그 사람이 고른 영화를 상영한다. 그 틀 안에서 다양한 영화를 상영한다면, 그 영화들이 모여 우리의 관점이 될 것이라 믿었다. 잡지의 과월호가 한 권씩 차곡차곡 쌓이듯, 이야기가 극장에 축적되는 모습을 상상했다.

지속적인 큐레이터 섭외가 가능할 것인가에 대한 고민은 들었다. 비용을

들여서 섭외하는 방식은 운영 면에서 장기적으로 볼 때 건강하지 못하다고
생각했다. 큐레이터의 입장에서 돈보다 더 매력적으로 느껴질 수 있는
부분을 만드는 것이 중요했다. 큐레이터가 대가를 받지 않아도 참여하고
싶다는 생각이 들어야만 이 시스템이 지속적으로 돌아갈 수 있다고 판단했다.

　다행히 누군가를 섭외하는 일은 모티비 콘텐츠를 만들며 경험한
적이 있었다. 모티비의 '현실 조언' 시리즈는 업계 선배들을 인터뷰이로
모시고 조언을 듣는 콘텐츠였다. 우리가 일하며 겪어온 현실적인 어려운
점에 대해 솔직한 이야기를 나눴는데, 당사자인 우리뿐만 아니라 비슷한
상황에 놓인 다른 사람들도 도움을 받았다는 피드백이 많았다. 이는 조언을
나눠준 선배들에게도 좋은 영향을 미쳤고, 사례가 쌓이니 선뜻 생각을
나눠주겠다는 선배들도 많아졌다. 인터뷰 콘텐츠의 특성상 섭외가 어려울
것이라 생각했는데, 네트워크가 확장되는 방식은 의외로 단순했다. 우리
주변의 친구나 선배에게서 시작하면, 친구의 친구로 연결되고, 친구의 친구의
친구로 연결되었다. 작은 점들이 이어지며 뻗어나가는 형태였다. 무비랜드의
큐레이션도 마찬가지의 방식으로 확장될 수 있다고 생각했다.

경험의 틈새 시장 공략

페이팔(PayPal)의 공동창업자 피터 틸(Peter Thiel)은 그의 책 《제로 투 원》에서
"경쟁하지 말고 독점하라"라고 말한다. 경쟁의 함정에 빠지지 말고, 누구도
대체할 수 없는 가치를 만들어 독점하는 것이 성공의 핵심이라는 주장이다.
그리고 그 시작점은 매우 작은 시장이어야 한다고 강조한다. 오히려 너무 작다
싶을 만큼 작게 시작하기를 권한다.

　극장에 대해 접근할 때도 비슷한 방식의 가설을 세웠다. 우리만 할 수 있는
아주 작은 틈새 시장을 찾고 싶었다. 기존의 극장 구조는 크게 두 흐름으로
나뉘어 있었다. 압도적인 규모와 기술력을 갖춘 멀티플렉스, 그리고 예술영화
중심의 독립 극장. 멀티플렉스는 편리하지만 점점 획일화되고 있었고, 독립
극장은 씨네필이 아닌 관객에게 문턱이 높게 느껴졌다.

카페 산업을 떠올리면 대비가 더 뚜렷해진다. 카페의 경우 대형 프랜차이즈부터 저가형 카페, 스페셜티 카페, 동네 개인 카페까지 선택지가 다양하다. 반면 극장의 선택지는 지나치게 제한적이었다. 다이소에서 느끼는 즐거움과 동네 문방구에서 느끼는 기쁨이 다르듯, 영화 감상 경험도 훨씬 좁게 세분화될 수 있다고 생각했다. 영화관에서의 감상은 상영 시점뿐 아니라 영화 시작 전 친구와 나누는 대화, 집으로 돌아와 찾아보는 리뷰까지 이어지는 일련의 경험이기 때문이다.

그 세분화된 경험 속에 새로운 가능성이 있다고 생각했다. 멀티플렉스 극장에서 신작을 보거나, 독립 극장에서 예술영화를 보는 대신, 한 사람이 고른 영화를 감상하는 것. 영화를 고른 사람의 시선과 취향을 통해 영화를 다시 보게 되고, 그 사람에 대한 이해도 더 깊어진다. 이것이 영화 감상 경험의 새로운 선택지가 될 수 있지 않을까? 나아가 꼭 영화가 아니더라도 TV 시리즈, 유튜브 콘텐츠, 광고물을 볼 수 있는 극장이 될 수도 있지 않을까?

나아가 우리 팀의 디자인 전문성이 경쟁력이 될 거라는 판단도 있었다. 국내에서는 디자인적으로 새로운 시도를 하는 극장을 찾아보기 어려웠기 때문이다. 어느 때보다 한국 사람들의 감각이 높아졌고, 문화를 향유하는 수준도 높아졌다. 시대 흐름에 맞춘 감도 높은 공간에 대한 니즈가 있을 거라 생각했다.

하나의 스크린을 여러 사람이 공유하며, 함께 웃고 울면서 느끼는 묘한 연대감. 극장에서만 느낄 수 있는 감정이다. 같은 영화를 골랐다는 사실만으로, 일면식 없는 상대로부터 왠지 연결되는 느낌을 받기도 한다. 극장을 찾는 사람들 간에 직접적인 교류가 없더라도 극장이라는 공간 자체가 느슨한 커뮤니티의 역할을 한다고 생각했다.

코로나19 팬데믹을 지나며 대면하는 횟수가 줄어들고, 영화관을 포함해 오프라인 공간에 대한 수요도 줄었지만, 여전히 사람들은 어떤 형태로든 관계를 맺고 공감대를 형성하고자 하는 욕망이 있다. 영화를 함께 보는 방식으로 느슨한 관계를 맺는 사람들 역시 없어지진 않을 것이다. 그곳에 우리가 자리할 수 있는 작은 틈새 시장이 존재한다고 믿었다.

큐레이션 극장에 대한 아이디어와 함께 "브랜드 유니버스가 펼쳐지는
커뮤니티 플랫폼을 만든다"는 사업계획서의 추상적인 목표도 한층
구체화되어 다가왔다.

이야기 추종자로 살 결심

3년 남짓한 시간 동안, 모베러웍스라는 브랜드는 팀에 중요한 DNA를 남겼다.
그렇기에 모베러웍스를 만든 사람들이 극장을 만든다면, 무엇을 지키고
버릴지 구분하고 싶었다. 어떤 형태로 변화하더라도 반드시 유지해야 할
핵심과, 상황에 맞게 과감하게 내려놓아야 할 것들을 정리하는 과정이었다.
오래 지속하는 브랜드가 되기 위해 가장 크게 바뀌어야 할 부분은
'스타일'이라고 생각했다. 모베러웍스는 '아메리칸 빈티지 코믹스' 스타일의
캐릭터 플레이를 중심으로 전개되었다. 브랜드의 얼굴인 '모조(Mojo)'
캐릭터는 친근하고 유쾌한 매력으로 메시지를 전달했지만, 쉽고 임팩트가
있는 만큼 빠르게 소비되고 단발적으로 소모되는 경향이 있었다. 장기적인
관점에서 '코믹스'라는 요소는 교체되어야 할 표현 방식이었다.

모베러웍스 캐릭터 '모조'

반면 '빈티지'라는 요소는 지켜야 할 DNA라고 생각했다. 빈티지는 숭고,
헌 것 이상의 의미다. 시간이 쌓일수록 진가를 발하는 무엇이다. 시간이
쌓임에 따라 그 안에 사람의 흔적도 같이 쌓인다. 정제된 새것을 보여주는
대신, 다듬어지지 않더라도 진술한 과정이 드러나는 작업 방식이 우리 팀이
고수해야 하는 태도였다.

우리 팀 DNA의 중심에는 '이야기'가 있었다. 사람들이 모베러웍스 브랜드를
응원한 이유는, 제품보다 서사 때문이었다. 퇴사를 하고, 브랜드를 만들겠다고
선언했지만 아이디어는 풀리지 않고, 공장에 제품 만들러 다니다가
교통사고로 손가락이 부러지고… 모티비를 통해 가감 없이 공개한 이야기는
보는 사람과 우리 사이에 강력한 연결 고리를 만들었다. 모티비 1화에서
말했던 초기 목표는 〈인간극장〉이나 〈다큐 3일〉처럼 사람 사는 이야기를 있는

그대로 담는 것이었다. 초창기 영상인 5화는 퇴사 후 떠난 인생 설계 워크숍 에피소드인데, 앞으로 어떻게 살고 싶냐는 나의 질문에 모춘은 "이야기 추종자"라고 말한다. 2021년에 출간한 《프리워커스》에서도 이야기와 기록이 가진 힘을 강조했다. 🐋

모티비 5화

> 모티비와 함께한 지난 시간 동안 알게 된 흥미로운 사실이 하나 있다. 우리 기억이 영상을 중심으로 재편된다는 점이다. (…) 이것은 '어떤 기억을 남길지 우리가 선택할 수 있게 됐다'는 말이기도 하다. 우리 앞에 벌어지는 무수한 일들을 우리식대로 편집해서 새로운 이야기로 만들 수 있는 것이다. (…) 중요한 건 우리 스스로 이야기를 만들어낼 수 있다는 것, 그리고 그 이야기는 언제든 재편집할 수 있는 하나의 실험일 뿐이라는 것이다. —《프리워커스》(모빌스 그룹 지음, RHK, 2021)

'일에 대한 메시지'에 국한되지 않고, 끊임없이 재구성할 수 있는 '이야기'를 중심으로 확장하는 것. 무엇을 지키고 무엇을 버릴지에 대한 고민은, 이후 기획과 디자인에서 중요한 결정의 기준이자 나침반이 되었다. 🐾

모베러웍스에서 무비랜드로, 브랜드의 진화

모베러웍스가 극장을 만든다고 했을 때, 많은 사람들이 의아해 했다. 그럴 만했다. 집에서 리소 프린트 돌리고, 공장 다니며 티셔츠 만들다가 어느 날 갑자기 극장을 만들겠다니. 우리 활동에 대해 무조건적인 지지와 응원을 보냈던 사람들조차 극장이라는 선택에 대해서는 의심이 앞섰다.

극장을 만드는 과정을 유튜브에 올리면 예전의 모베러웍스, 초창기 모티비를 그리워하는 댓글이 달렸다. '일에 대한 고민', '퇴사와 자립'과 같은 주제는 누구나 쉽게 공감할 수 있는 지점이 있었는데, '영화와 극장'이라는 주제는 선뜻 와닿는 이야기가 아니었다. 모티비를 처음 시작했을 때만 해도 모춘과 내가 나누는 시답지 않은 대화들까지 거리낌 없이 담았는데, 점점 생각이 복잡해지다 보니 마냥 솔직한 모습을 내비치기도 어려웠다. 그걸 아쉬워하는 사람들의 반응을 볼 때마다, 예전의 모습으로 돌아가야 한다는 압박을 받기도 했던 것 같다.

어느 시점부터는 돌아갈 수 없다는 사실을 받아들였다. 초창기 때는 모춘과 나 둘뿐이었고, 모든 일이 단순했다. 가볍게, 가감 없이 기록할 수 있었다. 모베러웍스는 두 사람이 하는 단기 프로젝트에 가까웠다. 운 좋게 예상보다 큰 반응을 얻었기에 팀 단위가 될 수 있었던 것인데, 정작 팀의 성장에 비해 우리 자신은 성장하지 못하고 머물러 있었다. 극장을 준비하던 시점에는 어느새 열 명 구성의 팀이 되었고, 두 명일 때와는 책임감의 무게가 달랐다. 둘이 하던 방식으로 열 명이 일할 수는 없었다. 개인의 재미보다 오래 지속할 수 있는 구조를 만드는 것이 더 중요했다. 모베러웍스를 진화시켜야 한다고 생각했다.

초기 극장 이름은 '모베러웍스 픽쳐스'였다. 이를 '무비랜드'로 바꾼 것이 큰 터닝 포인트였다. 모베러웍스 픽쳐스라는 이름에선 설명할 것이 많았다. 모베러웍스가 어떤 브랜드인지, 왜 픽쳐스라는 제작사의 느낌을 풍기는 단어가 뒤에 붙었는지 구구절절 부연 설명을 해야 했다. '일'의 범주를 삶 전반의 이야기로 확장한다는 목표가 있었음에도, 계속해서 '일' 혹은 '작업'에만 기획이 머물렀다. 작업자들이 영감 받을 수 있는 극장이라거나, 인근 직장과 연계해서 홍보를 한다거나 하는 아이디어들에 갇혀 있었던 거다. 반면 무비랜드는 쉬웠다. 영화를 매개체로

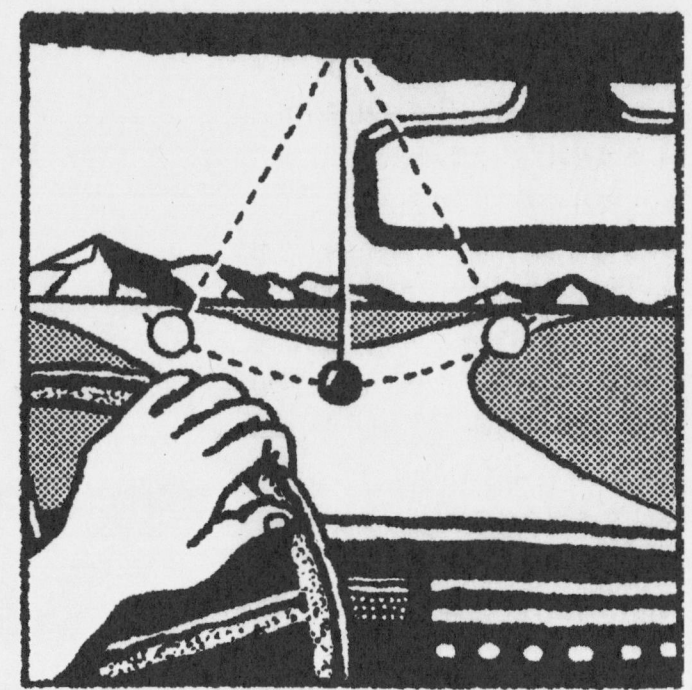

한 요소들이 달라진다. 우리 팀도 마찬가지였다. 예상하지 못했던 크고 작은 변화가 있었고, 그럴 때마다 부침이 있었다. 전환의 기로에서 중요한 것은 변화를 받아들이는 일, 그리고 내려놓아야 할 것을 과감하게 포기하는 일이었다.

유튜브를 처음 시작하던 시점의 패기와 가벼움이 그립다고 해서 다시 시간을 되돌릴 수는 없었다. 다른 기록 방식, 개인이 아닌 팀 단위 사고, 지속 가능한 사업 구조가 필요했다. 결과적으로 모베러웍스라는 이름은 지웠지만, 모베러웍스 DNA는 이야기 플랫폼으로 진화함과 동시에 우리 중심에 여전히 남아 있다.

만드는 공간 플랫폼을 직관적으로 표현했다. 무비랜드라는 이름과 함께 생각이 다양한 갈래로 뻗어나갔고, 계속해서 새로운 상상의 나래가 펼쳐졌다.

누군가에게 모베러웍스와 무비랜드는 별개의 브랜드일 수 있다. 모베러웍스는 사라지고, 무비랜드가 생긴 것처럼 느껴지기도 한다. 하지만 우리는 이를 '브랜드의 진화'라고 생각한다. 사람의 생각과 취향이 나이와 경험에 따라 변하듯, 브랜드도 시간을 거치며 자연스럽게 바뀐다. 브랜드를 만들어가는 구성원의 조합이 바뀌고, 조직의 성장에 따라 필요

극장을 만들었다고 하면 대단한 낭만주의자로 오해를 받는다. 영화에 대한 사랑, 사라져가는 극장에 대한 사명감 같은 것에 대해 묻는다. 하지만 우리가 극장을 만들게 된 이유는 그와는 거리가 멀다. 돌이켜보면 갈증을 해소하기 위한 일에 가까웠다. 겪고 있던 문제들에 대한 돌파구를 찾다 보니 극장에까지 이르렀다.

경험의 틈새를 찾고자 했을 때도, 그간 극장을 경험하며 갈증을 느꼈던 부분을 해소하고 싶었다. 멀티플렉스에서 사라져가는 사람 냄새, 키오스크 영수증으로 대체되는 영화 티켓, 사라진 영화 포스터 리플릿, 독립 예술 극장에서 스낵을

먹을 수 없어 아쉬웠던 경험. 이런 것들이 해소된 극장이라면 내가 가장 먼저 찾고 싶은 마음이 들 것 같았다.

극장을 오픈한 후 들었던 얘기 중에 가장 웃겼던 건 "혹시… 부자세요?"라는 말이었다. 겉으로 봤을 때 돈이 남아돌아서 자선 사업을 하는 것처럼 보일 수 있다. 그러나 실상은 반대다. 있어서 시작했다기보다 결핍을 해소하기 위해 뛰어든 것에 가깝다. 퇴사 후 브랜드를 만들고 운 좋게 관심을 받았지만, 3년간의 운영 끝에 맞닥뜨린 한계를 인정하고 포기하고 싶은 마음을 억누르고 고민을 거듭하며 만들었다. 무비랜드는 치열하게 생존에 대해 고민한 결과다. 내 손으로 만든 브랜드를 기필코 진화시켜야 했다.

갈증과 결핍은 좋은 출발점이 된다고 생각한다. 부족한 점을 해소하는 과정에 실마리가 있다. 모베러웍스를 시작할 때는 하고 싶은 일, 좋아하는 일을 하는 것이 원동력이 됐다. 누군가 수영이나 달리기를 좋아하듯이 우리는 '일'이 좋았고, 그것에 대해 이야기하고 싶었다.

무비랜드는 그와는 달랐다. 물론 영화를 좋아하고, 무엇보다 극장주가 되고 싶었지만, 그보다 모베러웍스의 한계를 직면하고 돌파해야 한다는 목표 의식이 더욱 큰 원동력이 되었다. 무비랜드를 운영하고 있는 현 시점에서도 우리 팀을 움직이는 것은 갈증과 결핍이다. 지금 직면한 과제들을 해소해나가며, 무비랜드라는 브랜드 역시 계속해서 진화하고 있다.

Masters Of Movie Land

1

2*

3*

R.I.T.
HERE LIES
HUMAN
THEATER

4

A PLACE FOR
DIGGING DUSTY GEMS
무비랜드
SEOUL

모베러웍스 극장 제작일지 <47>   Nov.22.2022

극장에 필요한 그래픽을 준비하고 있다. 몇달동안 이야기로 많이 했고
사료로 파악하고 싶은 정도로 왔었다. 이제 더는 미룰수없는 일정.
직접 그려야 하는 순간인데 요즘은 뭐가 멋진 것인지 모르겠다.
눈을 다양한 경로의 멋진 것들이 흘러가고 그것이 왜 멋있어
보이는지 머리로는 이해가 되는데 마음이 닿지 않는 요즘.
작업자로 지내며 몇번 이런 상황을 겪어봤지만 매번 고비를 참기어렵다.
훈택이와 세운 관점은 '멀리 보지 않고 눈앞에 있는 것부터 해결하자'
여수행같은 이해로 그만, 저래로 고양이 잡는 것부터 잡아보는 중이다. 루…

✱ : 탈락시안

1. 단골손님 소속감 강화를 위한 그래픽   2. 뱀먹해, 신년 그래픽시안   3. 시네필을 위한 티셔츠 그래픽

4. 외국인 손님을 위한 한글그래픽   5. M.O.T.V. 무비랜드 콘텐츠추가를 위한 안내   6. 빛(영사)으로 가는 씬

7. 알파벳 M을 활용한 로고 시안   8. 빛(영사)을 이용한 심볼시안   P. 개업 홍보 그래픽

(AT) MOVIE LAND

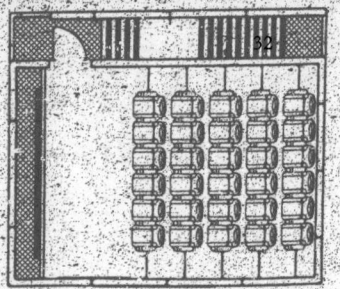

3rd Floor
a. Theater

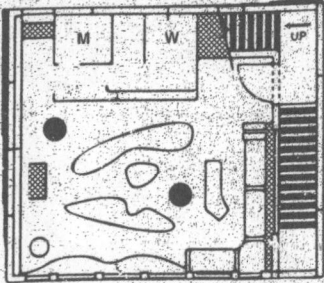

2nd Floor
b. Hall   c. Toilet

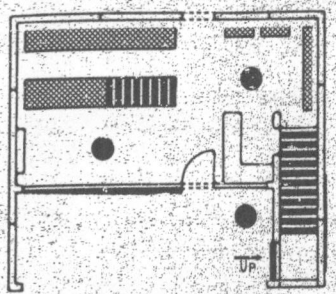

1st Floor.
d. Snack   e. Souvenir   f. Ticket

Feb. 29

(TOP)

(SIDE)

R.I.T.

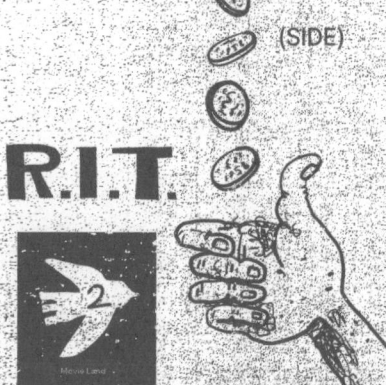

MOBETTERWORKS PICTURES

M P
PICTURES

ARTWORK · J · 동영

1층, 매점 오쟁이를 위한 아이디어

구성. 테이블 (상판 1개 + 나리 2개)

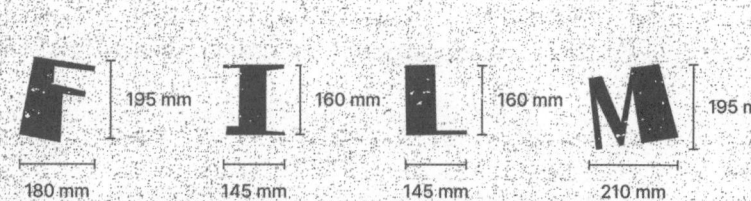

F 195 mm I 160 mm L 160 mm M 195 mm
180 mm   145 mm   145 mm   210 mm

1F. 기념품숍을 위한 테이블 아이디어

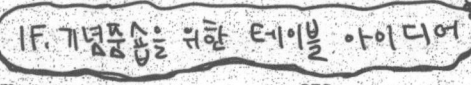

385 mm   370 mm
80 mm   60 mm

300 mm

1200 mm

40 mm

790 mm

200 mm   200 mm

II 사양 산업과 수익 구조의 문제

극장의 위기를 대하는 자세

극장을 만들기 위해 여러 관계자들을 만날 때마다 듣는 이야기는 "왜?"였다. 질문은 여러 가지를 내포했다. '영화관들이 줄줄이 문을 닫고 있다는 시점에, 젊은 사람들이 왜 극장을 만들겠다고 뛰어들까. 아마 1년도 못 버틸 텐데, 더 피해 보기 전에 뜯어 말리고 싶다.' 말로 표현하지 않아도, 속마음은 분위기로 전달됐다.

안 그래도 팬데믹 이후 영화계에 '극장의 위기'라는 문제가 대두되던 시기였다. 사람들은 극장을 가는 대신 OTT를 통해 더 편리하고 저렴하게 영화 콘텐츠를 소비했다. 신작 영화는 개봉 후 얼마 지나지 않아 OTT에 공개되었고, 영화 외에도 시리즈물과 유튜브, 숏폼 영상 등 사람들이 즐길 수 있는 콘텐츠의 선택지도 훨씬 다양해졌다. 물리적으로 극장을 갈 수 없었던 팬데믹이 끝났음에도 상황은 좋아지지 않았다. 경기 침체로 투자의 규모도 줄었고, 연쇄적으로 양질의 영화가 개봉하지 못하면서 악순환을 만들었다. 이런 상황 속에서 OTT로 쉽게 볼 수 있는 구작 영화를 상영하는 작은 극장을 만들겠다는 계획은 터무니없는 생각으로 받아들여졌다. 사람들은 우리가 멋모르고 낭만에 취해 사양 산업에 뛰어든다고 생각했다.

극장을 만들기 위해 움직일수록 업계 전반에 퍼진 패배감에 위축됐다. 극장에 필요한 중고 영사기와 음향 장비를 알아보러 가면, 업체 사장님이 오히려 구매를 말리는 식이었다. 처음 극장 아이디어를 떠올렸을 땐 영화라는 마르지 않는 샘을 만난 것 같았는데, 부정적인 피드백을 반복해서 듣다 보니 나 자신도 혼란스러운 기분에 휩싸였다. 그럴 때면 잘못된 선택을 했다는 느낌이 들어 불안했다. 모두가 의심하는 산업에 청개구리처럼 뛰어들어 작은 가능성을 발견하는 것. 당시 우리에게는 무거운 과제였다.

극장의 수익 구조는 물리적인 한계가 명확하다. 우리가 구한 공간, 층당 20평짜리 2층 주택을 최대치로 증축하면, 총 3개 층을 만들 수 있었다. 그리고 그 안에 넣을 수 있는 최대 좌석 수는 30석이다. 2시간에서 길게는 3시간까지 가는 영화 러닝타임과 운영 인력의 근무시간을 고려하면 하루에 배치할 수 있는 회차수는 3~4회이고, 티켓값을 2만원으로 산정하면 100% 매진되었을 경우, 일 200만 원 수준의 매출을 얻을 수 있다. 그중에 영화 배급 비용이 약 50%에 달한다. 매점이나 숍에서 판매하는 제품으로 추가 수익을 발생시킬 수 있겠지만, 그 역시 방문객에 비례한다는 한계점이 있다. 예매율을 예상해보았을 때, 좌석의 50% 이상을 기대하긴 어려울 것 같았다.

극장 방문객을 대상으로 하는 티켓, 매점, 숍 B2C 매출을 제외하고 추가로 생각할 수 있는 수익은 상영 전 스크린 광고, 대관, 간접 광고(PPL, 샘플링), 옥외 광고와 같은 B2B 수익이다. 극장을 안정적으로 유지하기 위해서는 이와 같은 B2B 매출을 극대화하는 것이 중요했다.

매진율, 티켓값, 광고 수익, 영업일수 등 여러 변수를 두고 시뮬레이션해보았다. 애초에 큰 흑자를 만드는 것은 어렵다고 판단했다. 적자만큼은 내지 않는 것이 목표였다. 전체 매출에서 대출 이자를 포함한 극장 운영 비용을 빼고, 남은 돈으로 우리를 포함한 구성원들이 월급을 나눠 갖고 유지할 수 있는 수준만 되면 성공이라고 생각했다. 단기에 굵게 성장하기는 어려운 시작점이었지만, 어떻게든 얇고 길게 지속하는 구조를 만들어내고 싶었다.

극장 밖에서 찾은 가능성

업계에 퍼진 사양 산업에 대한 부정적인 인식에 위축되었지만, 돌아갈 수는 없었다. 말이 안 된다고 하는 것을 말이 되도록 만들어야 했다. 일종의 호승심이기도 했고, 팀을 지속 가능한 구조로 만들어야 한다는 책임감이기도 했다.

우리가 하고자 하는 일은 '극장업'이기도 하지만 동시에 '콘텐츠업'이기도 하다. 그 관점에서 세상을 바라보면 지금은 극장의 위기가 아니라 콘텐츠의 전성시대였다. 그 어느 때보다 다양한 콘텐츠가 넘쳐나는 시대이고, 그만큼 콘텐츠 선별과 제안의 중요성도 커졌다. 같은 콘텐츠라도 그것을 어떤 플랫폼, 어떤 관점, 어떤 맥락으로 제시하느냐에 따라 완전히 다른 경험이 된다. 그렇기에 콘텐츠의 범주를 배급사가 정한 개봉일에 따라 움직이는 '신작 영화'로 한정하고 싶지 않았다. 영화관이라는 말 대신에 극장이라는 단어를 의식적으로 쓰는 이유도 그 때문이다. 특정 영화에 국한되지 않고, 주체적으로 다양한 콘텐츠를 담을 수 있는 그릇을 만들고 싶었다.

사람들이 콘텐츠를 즐기는 방식은 더욱 다채로워졌다. 온라인과 오프라인을 넘나들고, 전문가와 아마추어의 경계도 사라졌다. 각자의 관심사를 디깅하고, 수집하며, 같은 취향을 가진 사람들과 소그룹으로 모여 소통한다. 행동은 더 세분화되고, 취향은 더 깊어지는 시대다. 그에 비해 영화관에서 경험할 수 있는 내용은 단조로웠다. 개봉작 중 하나를 고르고, 키오스크에서 영수증 티켓을 출력하거나 앱에서 QR을 내려받아 영화관에 입장해, 영화를 보고 퇴장한다. IMAX, 리클라이너 좌석, 사운드 특화관 같은 기능적 개선은 있었지만, 그것이 경험의 본질을 바꾸지는 못했다.

극장 외의 공간으로 눈을 돌려보았다. 어떤 공간에서 좋은 경험을 했는지 떠올려보았고, 이를 우리가 만드는 극장에 적용할 수 있는 방법을 찾으려고 했다. 샌프란시스코 여행에서 다녀왔던 디즈니랜드, 도쿄 다이칸야마의 츠타야 서점, 미국에서 묵었던 에이스 호텔, 서울 아트선재센터에서 열렸던 톰 삭스(Tom Sachs) 전시까지, 지금까지도 좋은 기억으로 남아 있는 경험이다.

디즈니랜드는 사람을 동심으로 돌아가게 만드는 힘이 있는 곳이었다. 세계 최초의 디즈니랜드인 샌프란시스코 애너하임 디즈니랜드에 입장을 하는 순간, 다른 세계에 온 것 같은 착각이 들었다. 어릴 때부터 좋아하던 미키마우스와 미니마우스 탈 인형이 환영 인사를 하며 나눠준 'First Visit' 배지가 입장의 설렘을 한층 고조시켰다. 지나가던 사람이 생일이라며 'Happy Birthday' 배지를 받는 것을 보고, 나도 모르게 생일이라고 거짓말을 했다. 옆에 있던 모춘도 같은 거짓말을 하고 받아온 그 배지들은 아직까지 기념품 상자에 고이 보관되어 있다. 🐾

도쿄 다이칸야마의 츠타야 서점(T-SITE)은 도쿄에 갈 때마다 찾게 되는 편안한 공간이다. 책을 구경하거나 앉아서 읽기에 좋도록 휴먼 스케일에

2017년 디즈니랜드 여행

맞게 섬세하게 설계된 공간도 훌륭한데, 책 구경만큼이나 제품을 구경하는
재미도 있다는 점이 매번 츠타야를 찾게 만드는 것 같다. 강아지에 대한 책
큐레이션을 살펴보다가 홀린 듯 강아지 밥그릇을 사서 나오게 된다.

　　　에이스 호텔은 미국 여행을 할 때 포틀랜드, 시애틀, LA에서,
그리고 최근 교토 여행 때도 경험했다. 어느 지점을 가든 호텔이라는 공간이
지역의 중심 커뮤니티 역할을 하고 있다는 점이 인상적이었다. 호텔에 묵지
않더라도 지역 사람들이 라운지에서 각자 할 일을 할 수 있게 하거나, 전시나
파티 등 다양한 이벤트를 벌여 사람들을 모으는 구심점의 역할을 했다.
에이스 호텔은 특히 탐나는 물건들이 많다. 자체 발행하는 뉴스 페이퍼
형식의 지류는 펼쳐서 포스터로 붙여놓아도 손색이 없을 만큼 디자인이
예쁘다. 곳곳에 비치된 메모지에는 각 지점의 주소가 스탬프로 찍혀 있는데,
여행지에서 보내는 편지지로도 제격이어서 항상 한 움큼 챙기게 된다.
각 지역의 창작자들과 협업해서 만든 기념품들 역시 지갑을 열게 하는 요소다.

　　　서울 아트선재센터에서 열렸던 톰 삭스 전시는 극장을 준비하던
기간 방문하게 됐다. 작품도 훌륭했지만 가장 인상적인 것은 영상 콘텐츠를
보여주는 방식이었다. 아트선재센터 지하에 위치한 상영관에서
'RE-EDUCATION'이라는 타이틀과 함께 〈합판에게 보내는 러브레터(Love
Letter to Plywood)〉, 〈바닥 쓰는 법(How to Sweep)〉과 같은 10분 남짓의 짧은
영상을 관람할 수 있도록 해두었는데, 이것이 전시를 입체적으로 만들었다.
전시를 모두 관람하고 집으로 돌아와 유튜브로 같은 영상을 찾아보기도 하고,
톰 삭스의 또 다른 영상들까지 모두 찾아보았다.

이 공간들의 공통점은 단편적인 경험에 그치지 않고, 그 경험을 더 오래
기억하고 간직할 수 있도록 하는 장치가 있다는 점이었다. 무료로 나눠주는
배지, 공간에 비치된 메모지, 판매하는 기념품, 연관된 콘텐츠 등 다양한
형태의 요소들이 나중에 극장을 운영하는 데 영화 외적으로 줄 수 있는 경험의
힌트가 될 것이라고 생각했다.

　　　사람들은 명확하게 가야 할 이유가 있는 공간을 찾는다. 그리고
이유가 사라지면 다시 찾지 않는다. 영화를 보는 경험에서 나아가 그 경험을

더 오래 간직할 수 있도록 만들어주는 극장이라면, 사람들이 꾸준히 찾는 데 명확한 이유가 될 것 같았다. 티켓 비용이 비싸더라도 그 이상의 가치 있는 경험을 준다면 '콘텐츠업'으로서 가능성 있는 시도가 될 수 있을 거라 판단했다.

수익 구조의 설계

창업 초기부터 B2C와 B2B 업무를 병행하며, 둘 사이의 균형을 지키는 것을 중요하게 생각했다. 모베러웍스 브랜드 활동을 중심으로 한 B2C 업무에 치우칠 경우 팀의 개성이 뚜렷해지고 팬층이 두터워지는 반면, 수익적인 성과와 연결되기는 쉽지 않았다. 반대로 B2B 업무는 수익률이 좋은 한편 파트너의 문제 해결에 집중해야 하기 때문에 우리 브랜드의 개성을 드러내기 어려웠고, 전문적으로 업무를 수행하고 납품해야 하기에 공력이 많이 들었다. 창업 초기의 B2C 업무와 B2B 업무는 양분화된 구조로 진행됐다.

그러다 모베러웍스 브랜드가 점점 인지도를 얻으며, B2B 업무에서도 모베러웍스의 개성을 드러내는 방식으로 요청이 오는 경우가 생기기 시작했다. 다양한 파트너사에서 모베러웍스와 같이 '일'에 대한 메시지를 만들기 위해, 비슷한 스타일의 디자인을 적용하기 위해, 모베러웍스의 마스코트 모조 같은 캐릭터를 개발하기 위해 B2B 업무를 의뢰했다. 양분화된 구조로 진행되던 창업 초기에 비해 팀 내부에서 진행하는 프로젝트들이 시너지를 내며, 새로운 프로젝트로 연결됐다.

B2C와 B2B 업무가 서로 긍정적인 시너지를 내는 사례를 경험했기에, 무비랜드의 수익 구조를 설계할 때도 두 가지 업무를 하나의 바구니에 잘 담는 것에 집중했다. B2B와 B2C를 통합해서 수익 구조를 고도화하는 가설을 세워보았다. 두 개의 사업이 별개로 운영되지 않고, 극장이라는 플랫폼을 기반으로 통합되는 구조다. 내부적으로는 이것을 'B2B2C 전략'이라고 불렀다.

가설의 구조는 다음과 같다. 기존 B2B 업무였던 파트너의 문제 해결에 그치지 않고, 무비랜드에서 영화를 매개로 파트너가 전하고자 하는 메시지를 전하고, 브랜드 가치를 높인다. 무비랜드는 이를 통해 고부가 가치 수익 구조를 창출하고, 그 수익은 고객들에게 무료 영화와 공간 경험이라는 혜택으로 제공한다. 세 주체 모두 '윈-윈-윈' 하는 구조다. 작은 극장이 새로운 형태의 광고 플랫폼이 되어, 고부가 가치 사업 구조를 만드는 시도였다.

무비랜드 B2B2C 전략	BUSINESS ·	BUSINESS	CUSTOMER
	파트너	무비랜드	고객
	브랜드가 가진 이야기를 영화라는 매개를 통해 심도 깊게 전달한다.	브랜드의 가치를 높이는 일을 통해 고부가 가치 수익 구조를 만든다.	영화를 중심으로 한 재미있는 공간 경험을 무료로 즐긴다.
	WIN!	WIN!	WIN!

'팝업 전성시대'라 불릴 만큼, 공간을 활용한 브랜드 홍보 방식은 이미 흔하다. 그보다 진화된 방식의 B2B2C 모델을 만들어야 했다. 내부적으로는 모베러웍스의 팝업을 '팝업 1.0', 무비랜드의 B2B2C를 '팝업 2.0'으로 구분하여 고도화시키는 것을 목표로 했다. 팝업 스토어는 소비자와 직접 만난다는 점에서 온라인 경험과는 다른 강렬함을 주기에 많은 브랜드가 택하는 방식이다. 하지만 시간이 지날수록 형식이 패턴화되었다. 공간을 개조하고 굿즈를 제작해 판매하거나 증정하는 방식이 반복되면서, 브랜드 메시지 전달보다는 단편적인 소비에 머무는 경우가 많아졌다. 심지어 사은품이나 할인만을 노리고 방문하는 소비자도 늘어났다. 우리는 그 지점이 팝업 스토어의 본질적 한계라고 보았다. 그리고 무비랜드라는 공간은 이를 보완해 새로운 '광고 플랫폼'으로 발전시킬 수 있다고 생각했다.

　　무비랜드 극장의 장점은 영화라는 매개체다. 단시간 체류에 그치는 팝업과 달리 관객은 최소 2시간 동안 공간에 머문다. 영화의 서사와 브랜드 메시지가 맞물릴 때, 관객의 기억 속에는 깊은 잔상이 남는다. 좌석 수는 30석으로 제한적이지만, 디테일한 경험은 오히려 코어 팬의 진정성 있는 리뷰로 이어지며 파급력을 키운다.

무비랜드는 플랫폼의 역할을 하고, 브랜드와 소비자가 동시에 참여하는 모습을 상상했다. 극장이라는 무대에서 영화라는 매개체는 콘텐츠 소비자와 브랜드 모두에게 의미를 전달하는 공통 언어가 될 수 있다고 생각했다.

	팝업 1.0	팝업 2.0	팝업 1.0과 2.0 비교
공간	구애 받지 않음	'무비랜드' 극장으로 한정	
커뮤니케이션	팝업 콘셉트, 굿즈를 중심으로 한 커뮤니케이션	영화를 통한 메시지 커뮤니케이션	
체류 시간	10~30분 내외	2시간 이상	
고객	불특정 다수, 브랜드 팬층	무비랜드 코어 팬, 브랜드 팬층	
목표	단기간 팝업을 통해 브랜드 콘셉트를 강렬하게 인식시키는 것을 목표로 하지만 메시지가 빠르게 소비되는 한계가 존재한다.	'무비랜드'가 갖고 있는 브랜드 개성과 시너지를 내는 협업 구조인 동시에 영화를 통해 심도 깊은 메시지와 잔상을 남긴다.	

기획의 함정

B2B2C 모델을 통해 안정적인 수익 구조를 만들 수 있다고 믿었지만, 실제로 작동하는 것을 확인하기 전까지는 어디까지나 장밋빛 예측일 뿐이었다. 부정적인 시나리오를 떠올리기 시작하면 단점은 끝없이 보였다. 극장 규모는 작고, 주차도 어려운 데다, 음향이나 시각 장비가 우수한 것도 아니었다. OTT에서 편하게 볼 수 있는 영화를 보기 위해 두세 시간을 투자해 극장까지 오도록 만들어야 했다.

그러면서 '다른 극장들과 달라야 한다'는 압박에 사로잡혔다. 다른 무언가가 없으면 망할 것이라는 두려움 때문에, 오로지 다른 것만 찾도록 뇌구조가 다시 세팅된 것 같았다. '달라야 한다'는 강박은 결국 '다르기 위해 다른' 미궁으로 이어졌고, 본질은 점점 흐려졌다.

그 혼란 속에서 떠오른 아이디어가 '대관 극장'이라는 모델이었다. 주중/주말 운영 방식을 나누어 평일에는 개인과 단체 대관으로 운영하고, 주말에는 기존 극장처럼 큐레이션된 영화를 상영하는 방식이었다. 평일 티켓 판매가 부진할 것이라는 우려 속에 주중에는 대관 서비스로 운영해야 한다는 생각이 앞섰다. 친구들을 불러 보고 싶은 영화를 보고 싶다는 개인적인 욕망도 뒤섞여 있었다. 돌이켜보면 복잡하고 모호한 운영 방식이다. 그러나 당시에는 새로운 돌파구를 찾기라도 한 것처럼 고무되었다. 가끔 귀신이 씐 것처럼 터무니없는 기획을 할 때가 있는데, 정확히 그 시기가 그랬다.

기획의 중심을 다잡는 데는 외부의 시각과 조언이 도움이 되었다. 기획 단계부터 공간 디자인을 함께했던 파트너 '콩과하' 팀과 극장에 대한 이야기를 자주 나누었는데, 그때마다 내부에서 놓치는 맹점들에 대해 객관적이고 솔직한 의견을 더해주었다. 대관 극장 모델에 대해서도 함께 토론했다. 콩과하의 시각으로 봤을 때, 팀이 가고 있는 방향은 개인적 욕망과 조급함이 앞선, 주객전도된 기획이었다.

대관 극장은 수익 구조에 대한 문제를 푸는 데에만 급급한 방안이었고, 그렇기 때문에 '극장'이라는 본질에서 멀어졌음을 깨달았다. 우리에게 필요한 것은 다른 극장과 다르다는 점이 아니었다. 오히려 '극장'이라는 본질을 충족할 수 있는 경험을 구체화하는 요소가 필요했다. 극장의 본질은 영화였다. 영화를 보는 경험을 보다 영화적으로 만들 수 있는 장치가 더욱 중요하다는 결론을 내렸다.

본질에서 멀어졌다가 다시 돌아오는 과정을 거치며, 자기객관화가 얼마나 중요한지, 그리고 어려운 일인지 체감했다. 같은 고민을 오래 붙들고 있으면 그것에 지나치게 몰입해 제3자의 시각으로 되돌아보기가 어렵다. 시야가 좁아지고, 내 생각에 내가 취해서 핵심을 놓치게 된다. 여기에 조급함까지 더해지면 최악의 상황으로 흘러간다. 급하더라도 시간과 거리를 두고, 내 일이지만 남 일처럼 바라보려는 태도가 필요하다. 무비랜드를 둘러싼 수많은 아이디어들을 끊임없이 복기하고, 조정해나가는 과정 속에서 가지를 쳐 나갔다.

극장 운영 2년 차, 수익성 중간 평가

무비랜드를 운영한 지 약 2년. 현 시점에서 수익 목표를 달성했냐고 묻는다면 '가까스로' 그렇다. 적자만큼은 면하자는 목표로 시작한 후, 나름대로 열 명의 구성원이 밥 잘 먹고 살고 있다. 물론 순탄하지만은 않다. 매출이 저조한 몇 달 동안 나와 모춘의 월급을 포기한 적도 있었고, 적금을 깨서 구성원들의 월급을

쥐야 했던 달도 있다. 매달 운영비도 빠듯한데, 대출금을 생각하면 아득한 마음이 들었다. 회사 계좌에 잔고가 없어 모춘과 긴급 대책 회의를 하던 밤의 막막함이란….

　그럼에도 불구하고 이상하게 '망했다'는 생각은 들지 않았다. '이 시기만 잘 버티면 된다'는 마음이었다. 완벽하진 않지만 가능성을 봤기 때문인 것 같다. 큐레이션 시스템을 통해 상영한 영화들의 평균 예매율은 80% 이상이다. 50%를 넘기기 어려울 것이라는 초기의 예상을 훌쩍 뛰어넘었다. 표가 빨리 매진되어 예매하기 어려운 극장이라는 기분 좋은 원성을 듣기도 한다. 영화를 보러 찾은 손님들은 무비랜드에서의 경험을 즐기고 있고, 이를 통해 쌓은 B2C 관계는 왓챠, 반스, 비너스, 토스뱅크 등 여러 브랜드와의 B2B 협업으로 이어지는 중이다. 'B2B2C 전략'은 절반의 성공을 이룬 셈이다.

무비랜드의 B2B2C 모델 사례를 만드는 데 집중하는 한편으로, B2B 외주 업무도 여전히 병행하고 있다. 업무가 많아 허덕이는 날들이 많지만, 무비랜드의 안정적인 운영을 위해 피할 수 없는 일이다. 하지만 외주 업무를 단지 운영을 위해 해야만 하는 일로 바라보지는 않는다. 무비랜드의 지속 가능한 수익 구조를 만들기 위

해 B2B2C 전략을 만든 것과 마찬가지로, 어떻게 하면 B2B 업무도 장기적인 구조 속에서 해낼 수 있을지 고민하고 있다.

무비랜드를 운영하며 브랜드의 지속을 위해 필요한 것들에 대해 직접 체감했기 때문에, 협업하는 파트너의 문제를 바라볼 때도 보다 장기적 관점에서 생각하게 된다. 가능한 선에서 의뢰 업무를 마치는 단기 파트너에 그치는 것이 아니라, 장기적인 파트너십 관계로 이어가는 방향으로 일하려고 한다. 2026년에는 1회성이 아닌 1년 단위의 호흡으로 협업 사례를 만드는 것이 목표다.

모춘이 "돈을 많이 벌고 싶다"라고 이야기한 날이 있었다. 극장을 준비할 때는 하지 않았던 종류의 말이었는데, 돈을 많이 벌고 싶은 이유가 생겼기 때문이라고 했다. 그때가 큐레이터로 섭외한 《브루터스》 매거진의 타지마 로 편집장을 인터뷰하기 위해 도쿄 출장을 다녀온 직후였는데, 회사 형편상 우리 둘을 포함해 3명의 최소 인원으로 꾸린 출장이었다. 현지에 있는 《브루터스》 매거진 사무실을 방문하고, 편집자와 디자이너 등 구성원들을 만나서 이야기도 나누었는데, 셋 모두에게 무척 값지고 영감을 주는 경험이었다. 그리고 이런 경험을 더 많은 구성원들과 함께했으면 하는 마음이 들어 한편으로

아쉽기도 했다. 더 많은 구성원들과 해외 출장을 다니고 싶다. 그것이 우리가 돈을 많이 벌고 싶은 이유다. 세계 각국의 큐레이터를 만나고, 영화 이야기를 나누는 상상을 한다. 그것이 일에 허덕이는 와중에도 끝까지 하게 만드는 원동력인 것 같다.

수익적으로 완전한 안정에 이르지 못했지만 크게 불안하지 않은 이유는, 무비랜드가 앞으로도 우리의 활동 기반이 될 수 있을 거라는 생각 때문이다. B2B2C 모델에 대한 실험 외에도 무비랜드를 통해 할 수 있는 일, 하고 싶은 일이 많다. 디자인 베이스에서 출발함으로써 갖고 있는 시각적 강점, 유튜브를 통해 단련된 콘텐츠 제작 능력, 팬들과의 관계 맺기와 소통 경험을 활용해 다양한 일을 시도해볼 수 있다고 생각한다.

새로운 방식으로 영화 마케팅을 할 수도 있고, 영화를 수입하거나 제작할 수도 있으며, 영화 포스터 아트워크 전시, 기념품 제작, 영화제 등 저변을 확장하는 다양한 기회를 만들 수 있다. 나아가 영화라는 만국 공통 언어가 한국뿐만 아니라 세계로 나아갈 수 있는 길이라는 생각도 든다. 추상적인 꿈이라 치부하며 포기하지 않고, 한 걸음씩 길을 밟아 나간다면 우리 길이 될 것이라 믿는다.

III 상상의 구체화

스터디 클럽 결성

2022년 여름부터 극장에 대한 아이디어를 구체화하는 단계에 돌입했다.
모베러웍스 브랜드를 만들 때는 모춘과 나, 둘의 생각과 판단에 치중해
일했다면, 무비랜드를 만들면서는 의식적으로 개인이 아닌 팀 단위의 구조로
일하려고 했다.

　　　극장 구축에 필요한 업무를 기획, 공간, F&B, 웹 파트로 구분해 그
역할을 나눴다. 팀의 역할에 더 몰입할 수 있도록 팀명도 짓고, 팀복도 맞췄다.
각 팀의 기획을 서로 공유하는 것에도 시간을 많이 할애했다. 공유 내용이
촘촘할수록 상상에 더 근접한 모습으로 실현될 수 있다고 생각했다. ☞

공간팀 팀복

각 팀에서 가장 먼저 선행한 일은 '공부'다. 기획팀은 극장을 운영하기 위해
갖추어야 하는 법규를 찾고, 콘텐츠 수급을 위한 배급사 리서치를 진행했다.
공간팀은 건축사와 함께 상영 시설, 설비에 대해 조사했다. F&B팀은 먹거리
시장 조사와 필요한 장비에 대해 주변의 자문을 구하는 것으로 일을 시작했다.
웹팀은 예매 사이트 개발을 위한 개발사를 찾았다. 극장업뿐만 아니라
건축, F&B, 웹 개발과 관련한 지식이 전무했기 때문에 하나씩 익혀간다는
마음으로 임했다.

　　　영화를 상영하기 위해서는 배급사로부터 적법한 라이선스를 구입해야
한다. 처음에는 틀고 싶은 영화의 배급사에 연락하면 쉽게 라이선스를
받을 수 있을 거라고 생각했다. 그러나 상영하고자 하는 영화의 국내 판권을
보유한 배급사를 찾기 힘든 경우도 많았고, 아예 국내 판권 자체가 소멸된
경우도 허다했다. 배급사에 연락해도 막상 회신이 오는 곳은 소수였다.
문을 열지도 않은 30석 소극장에 선뜻 손을 내밀어주는 곳은 없었다.
가능한 방법을 수소문한 끝에 영화 상영 서비스를 전문으로 제공하는
파트너사 '펍시네마'를 알게 되었고, 그 이후부터 콘텐츠 수급 문제를 풀 수
있었다. 리서치를 하는 과정에서 업장에는 영사산업기사 자격증 보유자가
필요하다는 사실도 알게 되었다. 자격증 보유 인력을 고용해야 하는
상황이었는데, 기획팀 구성원인 지우가 자원해서 자격증 취득에 도전했다.

"제가 따볼까요?"라고 호기롭게 내민 도전장에 나를 포함해 세 명의 팀원이
추가로 자원했다. 네 명의 영사기사 자격증 스터디 클럽이 결성되었다. 매주
회의실에 모여 온라인 강의를 듣고 예상 문제를 풀었다. 노트 필기를 하고,
채점을 하니 학창 시절로 돌아간 것 같은 기분이 들었다.

본업에 병행한 자격증 스터디였기에 들이는 시간과 공력을 생각하면
비효율적이었다. 열 명도 안 되는 팀에서 네 명분의 리소스가 쓰이는 일이었기
때문이다. 영사기사 자격증 공부는 '전력(P) = 전압(V) × 전류(I)' 같은 공식을
외우는 것부터 시작해야 했는데, 극장 운영에 실질적인 도움이 될지 의문도
들었다. 그러나 공부할수록 스크린 화면 비율, 사운드 컨트롤, 영사 프로그램
사용법 등 실질적으로 도움되는 이론이 많음을 깨달았다. 극장 기획이
뿌옇던 시기였기에, 공부한 만큼 성적이 나오는 자격증 공부는 환기가 되기도
했다. 오랜만에 맛보는 배움의 기쁨이었다. 약 3개월 정도 주경야독한 끝에,
부산에서 치른 필기 시험에서 네 명 모두 합격하는 쾌거를 거뒀다. 아쉽게도
실기 시험의 문턱을 넘은 사람은 지우가 유일했지만, 자격증을 취득한 것
자체가 팀의 큰 성취였다.

반면 웹 개발은 공부가 미진했던 파트다. 개발에 대해 잘 모른 채로
개발사를 선정했고, 1,500만 원의 개발비를 투자해 예매 사이트를 구축했는데,
결론적으로 사용할 수 없다는 판단을 내렸다. 개발사와 커뮤니케이션하는
과정에서도 개발자와 디자이너 간 소통이 어려워 애를 먹었다. 결국 오픈
직전에 내부 인력으로 Cafe24 플랫폼을 활용해 예매 사이트를 만들었고,
전문 개발 인력이 만든 웹이 아니다 보니 결함이 잦은 상태로 오픈할 수밖에
없었다. 좀 더 심혈을 기울여 개발에 대해 공부했더라면 하는 아쉬움이
남아 있다.

모두에게 처음인 일들이었기에 더듬더듬 길을 찾았고, 찾을수록 실마리가
보이는 분야도 있었지만 계속 미지의 영역으로 남은 것들도 많았다. 상상을
실현하기 위해 해결해야 하는 난관들이었다. 게임의 퀘스트(quest)를 깨듯,
매일 수행해야 하는 임무들이 갱신되었다.

이야기 쓰듯 기획하다

기획이란 구체적인 상상이다. 쓸 수 있는 도구를 총동원해서, 가능한 한 구체적으로 상상하는 일. 상상이 내 머릿속에서 그치지 않고, 내가 아닌 다른 사람도 쉽게 이해할 수 있는 형태로 표현되었다면, 그것이 좋은 기획이라고 생각한다.

　　　구름처럼 하늘에 떠 있는 극장에 대한 아이디어들을 땅바닥으로 내리는 작업이 필요했다. 기획을 하다 보면 아이디어가 상상 단계에서 멈추는 경우가 많다. 예를 들어 '성동구에 거주하는 2030 직장인 여성이 주말에 찾고 싶은 공간이었으면 좋겠다'와 같은 기획은 하늘에 구름처럼 떠다니는 상상이다. 그 여성이 누구이며, 어떤 경험을 하고 무엇을 느낄지, 왜 그런 행동을 하는지 구체적으로 가늠할 수 있을 때 기획은 비로소 땅에 닿는다.

'이야기'에는 강력한 힘이 있다. 영화를 보는 몇 시간 동안 우리는 등장인물이 된다. 마치 수십 년의 세월을 그 사람으로 산 것처럼 느낀다. 그리고 그 사람이 되어 다른 극중 인물을 사랑하기도, 증오하기도 한다. 이것을 가능하게 만드는 것이 '시나리오'라고 생각한다. 시나리오의 서사를 따라가다 보면 자연스럽게 인물에 몰입하게 된다. 시나리오가 사실이든 허구이든 그건 중요하지 않다. 기획을 할 때도 마찬가지다. 이야기를 통한 접근이 기획의 구체적인 상상을 하는 데 도움이 된다. "우리 공간을 중심으로 한 편의 시나리오를 쓴다면?"

> 우리는 사람들이 무엇을 하는지만 살펴보는 게 아니다. 왜 그러는지,
> 그 이유를 집요하게 찾아야 한다. (…) 바로 이런 것들이다. 그 관심사와
> 우려와 소망 이면에 있는 신념 체계는 무엇인가? 어떤 집단에 충성하고
> 있는가? (그 집단이 바로 우리의 목표 청중이니까.) 이 사람들에게
> 가장 중요한 것은? 이 사람들의 영웅은 누구인가? 무슨 걱정거리로
> 밤잠을 설치는가? 죽기보다 인정하기 싫어하는 것이 있다면?
> ─《스토리만이 살길》(리사 크론 지음, 홍한결 옮김, 부키, 2022)

가상의 주인공부터 캐스팅했다. '어떤 사람이 무비랜드에 오면 좋을까?'
상상했을 때 떠오른 영화는 조나 힐(Jonah Hill) 감독의 〈미드 90〉이었다.
1990년대(Mid 90s) LA의 한 스케이트보드 숍이 이 영화의 중심 공간이다.
주인공 스티비는 늘 친형에게 괴롭힘과 구타를 당하는 13세 소년이다. 어느 날
스케이트보드 숍에서 일하는 형들과 그들의 리더 레이를 만나게 되고, 그들을
동경한다. 스케이트보드에 푹 빠진 스티비는 크루의 뉴비로 합류하고, 가족이
아닌 새로운 집단에서 성장하며 자기만의 세계를 찾아간다. 영화는 스티비와
레이를 중심으로 그들의 정서를 섬세하게 포착한다.

　　　이들을 무비랜드의 가상 주인공으로 캐스팅한 이유는 그 '정서'에
있었다. 극장에 오는 사람들의 나이나 성별, 사는 곳과 같은 인구통계학적
요소가 아닌, 사람들이 가진 내면의 욕망에 집중하고 싶었기 때문이다. 인물의
정서를 파악하기 위해, 리사 크론의 이야기 작법서 《스토리만이 살길》에
나오는 질문을 토대로 주인공 스티비를 분석했다.

인물의 정서를 파악하기 위한 질문	스티비 / 90년대 LA에 거주하는 13세 소년	
	어떤 집단에 충성하고 있는가?	스티비는 LA의 한 스케이트보드 숍과 그곳의 크루를 동경해서 갓 합류하게 된 뉴비다.
	이 사람들에게 가장 중요한 것은?	스케이트보드라는 문화를 향유하는 것
	이 사람들의 영웅은 누구인가?	스케이트보드를 잘 타는 크루의 리더(레이)
	무슨 걱정거리로 밤잠을 설치는가?	집에서 친형이 늘 괴롭히고 때린다. 친형 같지 않은 형들을 만나고 싶다. 가족으로부터 탈출하고, 새로운 집단에 소속되고 싶다.
	죽기보다 인정하기 싫어하는 것이 있다면?	자신이 스케이트보드 초짜라는 사실. 주제를 모르고 형들처럼 위험하게 스케이트보드를 타다가 이마가 찢어진다.
	"뒤틀려 있지만 자기만의 꿈이 있는 자"	

스티비는 친형에게 느낀 불합리함으로부터 탈출하고 싶은 소년이다.
아버지의 부재, 엄마로부터의 방치는 그의 결핍을 이루는 요소들이다.
답답한 현실 속에서 만난 스케이트보드 숍은 스티비에게 동경의 대상이자
위안을 주는 공간이다. 스케이트보드 크루는 뉴비로 합류한 스티비에게
새로운 꿈과 마찬가지였을 것이다. 그러나 그 꿈이 마냥 아름답지만은
않다. 리더 형 레이처럼 잘 타고 싶은 마음이 앞서 위험하게 타다가 이마가
찢어지기도 하고, 급기야 탈선의 현장에서 사고를 당해 큰 부상을 입기도
한다. 우리는 그런 스티비의 정서를 이렇게 정의했다.

　　　"뒤틀려 있지만 자기만의 꿈이 있는 자."

그렇게 〈미드 90〉의 스티비는 무비랜드의 정서적인 레퍼런스가 되었다. 모춘과
나 역시 그런 사람들이었기 때문이다. 지방에서 상경해 동경하던 집단과
공간들이 있었고, 그곳에서 뉴비로서 느꼈던 감정들이 떠올랐다. 꿈이 있지만
방법은 잘 모르고, 마음만 앞서 일을 그르치기 일쑤였던 시절. 스티비와 같은
정서의 사람들이 극장을 찾아주길 바랐다. 꿈은 때로는 방향을 잃고
헤매게 하지만, 동시에 삶을 지탱하는 힘이 되어주기도 한다. 스티비에게
스케이트보드가 그랬듯, 극장이 사람들에게 그런 구심점이 되길 바랐다.

　　　스티비가 농경하는 대상인 크루의 리더 '레이' 또한 확장해서 생각할
수 있는 타깃이었다. 스티비가 집단의 '뉴비'라면 레이는 집단의 '오피니언
리더'다. 다시 첫 질문으로 돌아가 '어떤 사람이 무비랜드에 오면 좋을까?'라고
생각했을 때 스티비와 같은 뉴비, 레이와 같은 오피니언 리더가 함께 찾을 수
있는 곳이라면 좋을 것 같았다. 어떤 뉴비가 동경하는 장소이자 한 분야의
오피니언 리더가 소속감을 갖고 찾을 수 있는 공간이 되었으면 했다.

영화는 팀원 모두가 공감하기 쉬운 수단이었다. 우리가 추구하는 정서의 축이
영화라는 매개체를 통해 공유되었고, 여전히 땅바닥에 완전히 닿진 않았지만
모두의 머릿속에 하나의 심상이 자리 잡게 되었다.

공간에서 느끼는 정서의 구체화

처음 〈미드 90〉의 스티비 이야기를 꺼낸 사람은 모춘이다. 왜 모춘은
스티비에게 정서적인 공감을 느꼈을까? 개인의 서사를 따라가 보면,
우리 극장을 찾는 인물의 정서가 한 번 더 구체화될 수 있겠다고 생각했다.
리사 크론이 《스토리만이 살길》에서 말하는 스토리란, 잘못된 믿음을 가진
주인공이 문제 해결을 위해 내적으로 깨달음을 얻고 변화하는 과정이다.
모춘이라는 사람에게 있어 잘못된 믿음과 내적 깨달음이 무엇이었는지 궁금했다.

모춘은 어릴 때부터 그림을 곧잘 그렸지만, 대학 디자인 수업은 잘 못 따라가는
학생이었다. 처음으로 주어진 큰 자유에 취해 술 먹고 놀기도 많이 놀았다.
당연히 학점은 안 좋았고, 그래서 죄의식 같은 것이 늘 있었다. 그럴 때마다
찾았던 공간이 도서관이었다. 수업은 가기 싫은데, 창작자로서 훈련은
지속해야 한다는 부채감에 도망치듯 도서관을 찾았다. 은밀한 구석 자리,
끝없이 쌓여 있는 책이 주는 안정감… 그런 것들이 좋았다. 도서관을 다녔다고
해서 모춘 자신에게 딱히 남은 건 없었다. 마치 좋아하는 여자한테 고백도
못 하면서 혼자 잘되길 기도만 하는 모양이었다. 갈증의 해소라기보다, 그날
하루를 완전히 쓰레기처럼 보내진 않았다는 자기 위로였다.

　　　　나 역시 모춘과 비슷한 대학교 시기를 보냈다. 적당히 성적 맞춰
입학한 경제학과는 도무지 적응이 되지 않았다. 막연히 디자인을 배우고
싶다는 갈망이 있었는데, 어떻게 시작해야 할지 알려주는 사람이 없었다.
답답할 때마다 전공 수업을 빼고 도서관에 갔다. 무슨 책을 읽었는지는
정확히 기억나지 않는다. 다만 그곳에서 느꼈던 감정은 강렬한 잔상으로 남아
있다. 창으로는 아스라한 빛이 들어오고, 부서진 빛에 뽀얀 먼지들이 천천히
부유한다. 끝없는 책장들은 미지의 세계 같았다. 펼쳐보는 책 내용은 모두
이해가 되지 않았지만, 책을 읽는다는 행위만으로 뭔가를 하고 있다는 위안이
됐다. 사람들이 찾지 않는 책장 구석 한쪽은 나만의 지정석이었다. 바닥에
쪼그려 앉아 작은 노트에 옮겨 적던 책의 구절들, 퀴퀴한 책 냄새, 낡은 책을
폈을 때 바스락거리는 종이의 질감….

책을 펼치는 것, 도서관에 머무르는 것 외에 딱히 특별한 뭔가를 한 것은
아니다. 하지만 도서관은 방황하던 20대 초반의 우리에게 잠깐이나마
현실에서 멈춰서 위안을 얻을 수 있는 도피처였다. 멈춰 있는 것만으로
더 나아갈 힘을 얻는 곳. 우리 극장에서 비슷한 정서를 느끼길 바랐다.
무슨 영화를 봤는지 기억나진 않지만, 그 영화관에 가면 잠시 현실은 잊게
된다고, 누군가 이야기하면 좋겠다고 생각했다.

〈미드 90〉 영화 속 스케이트보드 숍, 20대 우리가 다녔던 도서관,
앞으로 만들게 될 극장, 이 세 가지 공간의 공통 키워드를 정리해보았다.
'결핍, 도피, 유예, 위안'이라는 네 개의 키워드가 나왔다. 막연한 꿈이
있지만 결핍과 갈증이 있는 사람들. 순간의 몰입을 통한 잠깐의 도피. 현실의
의무감으로부터의 유예. 멈춰 있을지라도 문화를 향유하고 있다는 위안.

극장을 찾는 사람들의 정서가 구체화되자, 기획에 하나의 선명한
필터가 겹쳐진 느낌이었다. 어떤 모습의 극장일지 모르겠지만, 그곳을 찾는
사람들의 모습이 뚜렷이 그려졌다.

스케이트보드 숍 ― 도서관 ― 극장

결핍	도피	유예	위안
막연한 꿈이 있지만 결핍/갈증이 있는 사람들	순간의 몰입을 통한 잠깐의 도피	현실의 의무감으로부터 유예/일시 정지	문화를 향유하고 있다는 위안

정서를
토대로 한 공간
공통 키워드

심상 지도 디자인

인물의 정서를 구체화하는 동시에, 심상을 시각화하는 작업을 병행했다.
심상(心象)이란, 머릿속에서 형상화되는 감각과 분위기다. 심상 지도 만들기는
시각, 청각, 촉각, 후각, 미각의 오감과 분위기를 시각적으로 표현하는

작업이다. 결핍, 도피, 유예, 위안이라는 정서적 키워드와 그 중심이 되는
공간 '도서관'에 더해, 보다 생생한 시각적 인상을 더할 포인트가 필요했다.
이를 위한 심상 지도의 축이 된 키워드가 '오키나와'였다.

오키나와를 떠올리면 마음속에 떠오르는 오감이 선명하다. 다니던 직장
생활에 권태를 느끼던 30대, 모춘과 함께 찾았던 여행지 오키나와.
그곳은 낯선 휴식과도 같았다. 초여름 느낌의 푸른 바다와 무성한 풀숲.
오키나와는 미군 문화와 일본 문화가 자연스럽게 섞여 독특한 무드를
자아냈다. 축축한 공기, 새하얀 모래, 바다 냄새 같기도 풀 냄새 같기도 했던
향취는 아스라한 분위기를 자아냈다. 그때 오키나와에서 느낀 심상을 극장에
구현하고 싶었다.

오키나와 여행 당시 로컬 편집숍 'LIQUID'에서 사온 기념품,
일본풍으로 스팸이 그려진 수공예 도자기 컵은 이미지와 키워드 수집에 있어
좌표 역할을 했다. 오키나와에서 스팸(Spam)은 제2차 세계대전 이후 스며든
미군 문화를 상징한다. 가장 일본적인 도자기와 가장 미국적인 스팸이 나란히
놓인 조합이 흥미롭게 다가왔다. 일본 사람들이 미국 캐주얼을 재해석해
만들어낸 '아메카지(アメカジ, Amekaji)'처럼, 다른 관점으로 조합되고 해석된
'일본식 미국 스타일'은 무비랜드 이미지를 만들어나가는 데 큰 힌트가
됐다. 모베러웍스 브랜드에서 전개한 '아메리칸 빈티지 스타일'을 정제해
무비랜드만의 고유한 스타일로 만들어야겠다고 생각했다. 🐾

오키나와에서 느꼈던 시각, 청각, 촉각, 후각, 미각의 오감을 심상 키워드로
정리했다. 특히 청각적 심상으로 떠올린 영화 〈아비정전〉 OST 중
Los Indios Trabajáras의 〈Always in My Heart〉는 듣는 것만으로 많은
것을 느낄 수 있었다. 이것이 음악의 힘이라고 생각했다. 이 음악이 극장
배경음악으로 흘러나오는 것을 상상하니 공간이 손에 더 가까이 잡히는 것
같았다. 극장을 기획하며 한동안 이 음악을 반복해서 들었다.

2019년 오키나와 여행

심상	감각과 분위기	심상 키워드	
시각적 심상	푸른 바다와 무성한 풀숲. 수족관. 미군 통치 아래 살아가며 자연스럽게 혼합된 오키나와의 일본식 미국 스타일.	초여름의, 아스라한	오키나와에서 느낀 오감과 심상 키워드
청각적 심상	〈아비정전〉 OST 〈Always in My Heart〉	어슴푸레한, 잔잔한, 은밀한	
촉각적 심상	바다의 습한 기운으로 축축하기도 하고, 하얀 모래는 손가락 사이로 부드럽게 흩어진다.	온습한, 희미한	
후각적 심상	바다 냄새 같기도 하고 풀 냄새 같기도 한 향취.	그윽한, 고요한	
미각적 심상	일본 가정식, 화덕 피자, 미국식 와플숍과 일본식 베이커리.	혼합된, 모호한	

시각 디자인을 베이스로 일하는 우리 팀에게는 시각적인 시뮬레이션이
특히 중요하다. 성수동에 극장 부지를 구한 후 가장 먼저 한 것도 극장을
증축했을 때의 모습을 건축 모형(디오라마)으로 만드는 일이었다.
폼보드와 색지를 오려 붙여 가상의 공간을 만들었고, 그곳에서 어떤 경험을
할 수 있을지 상상했다. 모형으로 2층 주택을 3층 극장으로 리모델링했고,
층별 심상 키워드를 정리했다. 현실 구현 가능성보다는 전달하고자 하는
느낌을 구현하는 것에 집중했다. 머릿속 상상을 하나씩 시각화해서
꺼내놓을수록 선명한 청사진이 만들어졌다. 모두가 볼 수 있도록 사무실
한가운데 디오라마를 놓고, 심상 지도를 붙였다. 그러는 사이 연무장길의
낡은 주택은 철거를 시작했다.

층별 심상 키워드	3층	상영관	▷ 거대한
			▷ 아늑하고 편안한
			▷ 몰입되는
			▷ 비밀의 방처럼 구석진 계단
			▷ 1, 2층과는 다른 분위기
			▷ 고즈넉하고 차분한 극장 분위기(내부)
	2층	라운지	▷ 이국적인 분위기
			▷ 빈티지한 사무실 같으면서도 거실 같은 느낌
			▷ 아늑함
			▷ 도서관의 향수
			▷ 다큐멘터리 / 매거진 등 자료를 열람하는 곳
			▷ 다양한 경험 / 공간이 레이어드된 구조
			▷ 디깅 잘해놓은 아지트
			▷ 점유하는, 대접받는
	1층	로비	▷ 낯선 휴식의 느낌(낯설고 이국적인 시공간)
			▷ 세월의 흔적
			▷ 아스라한 공간 분위기
			▷ 통창
			▷ 복층(1층에서 2층 바라볼 수 있는 구조)
			▷ 공공재 느낌의 구조물 / 오브제 사용
			▷ 어두운 분위기 + 은은한 빛
			▷ 중정과 로비가 구분 없이 이어진 구조
	외부 골목	입구	▷ 골목 사이로 깊숙이 들어가야 마주할 수 있는 은밀한 입구의 시작
			▷ 공간에 대한 궁금증
			▷ 구석진

가상의 시나리오 작성

철거로 앙상하게 뼈대만 남은 극장 부지를 보며, 시나리오를 쓰기 시작했다.
작성자는 공간팀의 실무자 오훈택. 지방에서 갓 상경한 뉴비 오훈택이
극장에 방문했을 때 무엇을 경험하고 느낄지 써보라고 했다. 모든 것은
상상이었다. 구체화한 인물, 정서, 심상을 토대로 하되 일기 쓰듯 솔직하게
써내려갈 것을 요청했다.

시나리오라고 해서 거창할 것은 없었다. 공간 프로그램이나 경험의
디테일이 없는 상태에서 쓰는 시나리오였기 때문에 지금 시점에서 보면
구현되지 못하거나 방향이 달라진 것들이 대부분이다. 하지만 시나리오를
쓰기 전과 후는 확연히 달랐다. 개인적인 언어로 쓰였기에 팀 구성원들이
보다 깊이 공감할 수 있었고, 저마다 아이디어를 덧붙였다. 전략적인 계획은
아니었지만, 이 시나리오를 중심으로 건축사, 공간 디자인 파트너사와
디자인을 발전시켜나갈 수 있었다.

공간 경험 시나리오

작년부터 기다려온 모베럴웍스 극장이 드디어 오픈했다. 매달 1편의 영화를 상영한다고
하는데 첫 번째 영화에 대한 영상이 모티비에 올라왔다. 이번 영화는 〈스티브 지소와의
해저 생활〉이라고 한다. 처음 들어보는 영화다. 모베럴웍스 멤버들이 회의실에
모여 앉아 각자 영화를 어떻게 봤는지 자유롭게 이야기한다. 아직 영화를 안 봐서
완전히 이해는 안 되는데 궁금하다. 다들 저렇게 재미있게 봤는데 나도 재밌게 볼 수
있지 않을까? 극장에 가면 영화와 관련된 비하인드 스토리도 볼 수 있다고 한다.
흠 궁금한데. 적당한 시간대를 골라 예매를 하려고 하니 2만 원…? 좌석 선택…
카드 등록… 예매 완료다! 예매를 완료하니 예매가 완료되었다고 알람이 온다.
캘린더에 일정 적어둬야지~

드디어 극장 가는 날. 서울역에 도착했다. 서울을 느끼고 싶어 오전부터 부산 떤 보람이
있다. 어제 저녁 알림창에 떴던 예매 정보를 열어본다. 영화 시간과 장소, 극장 안내가
뜬다. 그렇게 연무장길에 들어선다. 지도상으로 거의 다 온 것 같은데 잘 안 보인다.

부동산 낀 골목으로 들어가라는데… 여기가 아닌가? 약간 길을 잘못 든 것 같지만… 아무튼 골목으로 들어가 본다. 생각보다 골목이 비좁다. 여기에 극장이 있나 싶다. 혹시 옆 골목인가? 골목 밖으로 나왔다가 지도를 확인하고 다시 들어가 본다. 어느새 문과 함께 Ticket Booth라 써 있는 공간이 눈앞에 나타났다. 매표소 옆에는 상영하고 있는 영화 포스터들이 크게 붙어 있다. 평소 영화관에서 보던 포스터와는 왠지 다른 느낌이 난다. '영화 티켓 교환하러 왔는데여…' 시크하고 차가워 보였던 사람은 말을 걸어보니 상냥하게 이름과 연락처를 물었고, 익숙하게 티켓과 신문 형태의 매거진를 하나 건네주었다. 티켓도 그냥 영수증 같은 게 아니라 완전 외국 영화관 티켓 같다. 가방에서 책 한 권을 꺼내 티켓이 구겨지지 않도록 조심스럽게 책 사이에 잘 껴두었다.

계단 사이사이 햇빛이 살짝 들어온다. 계단 끝에는 작은 글씨로 'Lounge'라고 적혀 있다. 와… 이거구나. 자세히 공간을 둘러보기도 전에 벌써부터 가슴이 두근거린다. 빈티지한 사무실 같으면서도 거실 같기도 하고 누군가의 수집품을 모아둔 아지트 느낌도 물씬 풍긴다. 누군가는 중정을 바라보며 여유를 즐기고, 누군가는 소파에 앉아 매거진을 읽고, 누군가는 음악을 듣고 있다. 나도 적당히 아늑한 자리를 찾아 가방을 두고 이곳에 자주 와본듯 라운지 이곳저곳을 자연스러운 척 둘러보았다. 조금 일찍 도착한 덕에 영화 상영까지 시간 여유가 있어 다행이다. 자세히 보니 생각보다 공간은 오밀조밀했다. 한편에는 내가 보고 싶었던 책들이 아무렇지 않게 꽂혀 있고, 다른 한편에는 오늘 상영하는 영화에 대한 비하인드 스토리가 담긴 영상이 나오고 있다. 라운지를 즐기면 즐길수록 그 속에 다양한 자료들 사이로 감기는 느낌이 괜히 은밀하고 아늑함을 준다.

맡아둔 자리로 돌아가 아까 받은 매거진을 펼친다. 상영하고 있는 영화에 대한 비하인드 스토리가 담겨 있는 것처럼 느껴진다. 왜 영화를 선택했고 어떤 부분이 좋았고 등… 오늘 상영하는 영화에 대해 다양한 관점으로 해석된 글들이다. 모르는 내용은 휴대폰에 검색해가면서 한 장 한 장 읽어갔다. 한 15분 정도 읽으니 다 읽었다. 매거진의 분량이 길지는 않아서 나처럼 책 읽기 어려워하는 사람들도 쉽게 읽을 수 있어서 좋다. 다 읽고 나니 마치 내가 매거진에 나온 사람처럼 좀 멋있어진 느낌이 든다. 매거진을 보고 나니 영화가 더 기대된다.

라운지 뒤쪽에 비밀의 방처럼 구석진 계단으로 몇몇 사람들이 3층으로 올라간다.
자연스럽게 대열에 합류한다. 계단은 1, 2층과는 다른 분위기였고, 양 옆으로 은은한
조명이 깔려 있다. 밖에서 보던 그곳이 맞나… 영화관이 이렇게 있을 줄이야…
놀란 감정을 추스르고 일단 어둑어둑한 조명들 사이로 비치는 좌석 표시등을 따라
내 자리를 찾았다. 좌석도 만져보고 발도 뻗어보고 다리도 꼬아보고, 좋은 느낌이
전혀 없다. 적당히 편하면서, 적당히 고요하고, 적당히 고급스러운 이 느낌이 기대감을
고조시킨다. 비상구 안내와 함께 불이 살며시 꺼진다. 이제 영화가 시작한다.

아까 다 보지 못한 1층도 내려가서 봐야겠다. 계단을 내려가다 보니 구석에 알록달록한
노점 같은 게 보인다. 앞에 사람들이 서 있는데 뭐 파는 거지? 뭐든 나도 하나는 무조건
사가야겠다. 가까이에서 보니 외국 간식들을 팔고 있었다. 박스 형태로 쌓여 있는 것도
보인다. 패키지에 적힌 글씨들을 읽어본다. '슈퍼파워… 칼로리 맥스' 피식했다.
그래 오늘 하루쯤은 이런 거 먹어도 되지 않을까. 친구들 선물도 몇 개 사갈까?
기념용과 선물용으로 넉넉히 골라 결제를 하니 간지나는 쇼핑백에 포장해주셨다.
사진을 찍어 스토리에도 올린다. 외국인 줄 아는 거 아니야?

양손 두둑이 집에 도착했다. 두근거림이 잔잔하게 남아 있다. 진짜 알찬 하루였다.
오랜만에 아무 고민이나 걱정 없이 보낸 느낌. 극장에서 받은 매거진과 티켓은
파일에 껴두었다. 기념으로 산 간식은 책상에 올려둔다. 여운이 남아 앱에 들어가니
마이페이지에 내가 본 영화 포스터가 기록되어 있는 걸 발견했다. 영화를 볼 때마다
여기에 하나씩 쌓이나 보다. 이러면 올라오는 영화마다 다 보고 싶은데. 왠지 앞으로
모베러웍스 극장을 자주 가게 될 것만 같다.

시나리오를 작성하는 과정에서 경험의 작은 디테일들에 대해 생각해볼 수
있었다. 매표소에서 영화 티켓을 받아 손에 쥘 때의 촉감, 입구에 크게 걸린
포스터의 색감, 비치된 종이 리플릿을 챙길 때의 설렘처럼, 이런 작지만
소중한 경험들이 극장의 인상을 좌우하는 중요한 요소였다.

　　운영 측면에서 효율만 따진다면 매표소 대신 키오스크가 더 적절할

수도 있다. 그러나 매표소에서 사람과 눈을 마주치고 티켓을 받는 짧은
순간이 인물의 정서와 심상을 극대화시켜줄 것이고, 결국 이것이 우리 극장이
추구하는 핵심 경험이라는 결론에 도달했다. 이렇듯 동선상 비효율적인
측면이 있더라도 매표소를 만든 데는 훈택이 작성한 시나리오가 중요한
역할을 했다.

무엇보다 시나리오는 생산자가 아닌 소비자의 입장에서 공간을 어떻게
받아들일지 관점을 바꾸어 생각해보게 했다. 시나리오를 바탕으로 공간의
경험을 설계하면서 자연스럽게 소비자의 입장을 먼저 고려하게 됐다.
티켓 가격으로 2만 원을 책정해야 한다는 논의를 할 때도 '수익성 측면에서
티켓 가격을 2만원으로 설정해야 한다'라는 생산자의 관점이 아닌, 소비자로서
'티켓 가격 2만 원 내는 것이 아깝지 않다'라고 느낄 수 있는 경험을 설계하는
데 집중했다. 영화를 선택하는 순간부터, 극장에 입장해서 상영을 기다리고,
관람한 이후의 여운까지. 모든 경험이 티켓 가격에 포함된다고 생각했다.
단순히 영화 한 편을 관람하는 공간이 아니라, 관객 한 명이 주인공이 되어
다층적인 영화적 경험을 할 수 있도록 설계하고자 했다.

사무실 간이 극장 프로토타입

2022년 5월, 건축사무소와 첫 미팅 할 당시 처음 목표했던 극장의 개관일은
2023년 5월 1일 노동절이었다. 노동절은 우리 팀에게 중요하고 의미 있는
날이었기 때문이다. 그러나 설계 변경, 허가 지연 등의 문제로 2023년 노동절
직전까지 착공조차 하지 못하는 상황이 되었다. 1년 동안 열심히 기획하고
애썼지만 극장 프로젝트의 진척도는 거의 제자리걸음 수준이었다.
　　　2023년 노동절을 앞두고 고민이 깊어졌다. 실현의 벽이 높게만
느껴졌다. 극장을 구상하면서 만든 기획 자료, 디자인 스케치, 건축 모형…
온갖 노력이 무색할 정도로 실체화된 것이 없었다. 아이디어가 구현되지 않고
머릿속에서만 머무르고 있다는 사실이 우리를 무력하게 만들었다.

그러나 그 또한 우리 모습이었다. 억지로 없는 걸 있어 보이도록 만드는 대신, 있는 그대로의 상황을 솔직하게 보여주는 방향을 선택했다.

　　　1년 동안 내부적으로 논의를 거듭하며 세운 중요한 목표가 있었다. '천 명이 한 번 오는 공간이 아닌, 백 명이 열 번 오는 공간으로 만드는 것.' 모베러웍스 브랜드를 내세워 팝업 스토어를 열었을 때는 하루에 천 명의 사람들이 다녀갔고, 방문자 수가 곧 성과를 보여주는 지표처럼 여겨졌다. 그러나 그 지표만으로는 천 명의 사람들이 얼마나 밀도 있는 경험을 했고, 이후 다시 방문하고 싶은 공간이라고 생각하는지에 대해서는 알 수 없었다. 더욱이 팝업처럼 한시적으로 여는 공간이 아닌, 장기적으로 유지되는 상설 공간을 만들 때는 이와는 다른 방향으로 가야만 생존할 수 있다고 생각했다. 단 백 명일지라도 계속해서 방문하고 싶은 공간을 만드는 것, 단골손님이 찾는 공간이 되는 것이 중요한 목표였다.

　　　비록 아직 극장이 완성된 건 아니지만 우리 공간을 찾아줄 손님을 미리 만날 수 있지 않을까? 고민 끝에 우리는 사무실을 간이 극장으로 꾸미고, 백 명의 예비 손님들을 초대하기로 했다.

사무실에서 쓰던 빔 프로젝터와 스크린 앞에 캠핑 의자를 스무 개 남짓 깔았다. 합판을 사와 톱질하고 못을 박아서 가벽과 간이매점 가판대를 만들었고, 테스트용으로 구매했던 팝콘 기계와 츄러스 기계를 놓았다. 손수 물감으로 칠해 간판도 만들고, 회의실 벽에는 그동안의 기획 자료들을 빼곡히 붙였다. 행사명은 부디 극장이 성공적으로 지어지기를 바라는 마음을 담아 '성공기원제(Super Please)'로 정했다. 방문하는 사람들 또한 각자 염원하는 것들을 기원해볼 수 있도록 소원함도 만들었다. 여건상 영화를 상영하진 못했지만, 팀에서 제작한 상영 전 에티켓 영상을 틀고, 예비 극장주의 당시 소감을 담은 간략한 프레젠테이션을 선보였다. 개업하기 전이었지만 개업 집처럼 갑티슈도 만들어 증정하고 극장 조감도가 담긴 동전 지갑과 동전, 팀복 느낌의 티셔츠도 선물했다. 나중에 극장이 문을 열었을 때 가져오면 무료로 콜라를 담아드리겠다고 약속한 무제한 리필 텀블러도. 백 명의 사람들은 우리의 간절함이 담긴 간이 극장을 경험하고, 예비 단골손님이 되어

돌아갔다. 우리는 성공기원제에서 나눈 이 동전을 언젠가 지어질 극장에 꼭 심어놓겠다고 약속했다.

　　'성공기원제' 노동절 이벤트는 침체되어 있던 팀 분위기에 새로운 기운을 불어넣었다. 엉성한 모습의 간이 극장임에도 사람들이 일부러 시간을 내서 찾아와 함께 성공을 기원했고, 그들과 함께 나눈 세리머니는 모두에게 좋은 기운을 심어주는 계기가 되었다. 🖎 🎋

성공기원제 현장

기획을 증명하는
집요한 상상의 힘

회고

'영사기사 자격증 시험에 도전한 네 사람 중 왜 지우만 합격했을까?' 넷 모두 이론 공부를 열심히 했기에 필기 시험에 전원 합격했다. 하지만 실기 시험에서는 영사기를 직접 다뤄야 했다. 극장을 오픈하기 전이었기 때문에 당시에는 영사기가 없었고, 우리 모두 실물 영사기를 본 적도 없었다. 상영 서버가 무엇인지, 디머가 어떻게 작동하는지도 모르는 상태였다. 그럼에도 피그마로 모든 서버 화면을 구현해 시뮬레이션용 사이트를 만들어 연습해보기도 하면서 실기 시험도 열심히 준비했다.

하지만 실기의 벽은 높았다. 시험 일정이 모두 달랐는데, 먼저 시험을 본 멤버 두 명이 연이어 시험장에서 영화를 틀지 못했다. 곧 시험을 앞두고 있던 지우는 그때부터 본격적인 이미지 트레이닝을 시작했다. 마치 눈앞에 영사기가 있는 것처럼 손을 움직였다. "디머 켰습니다." "화면비 맞추겠습니다." "DCP 인제스트 하겠습니다." 시험 감독관이 앞에 있는 것처럼 말했다. 멤버들이 보는 앞에서 복창을 하는 것이 부끄러울 만도 한데 개

의치 않았다. 자격증 학원은 부산에 있는 게 유일했는데 시험 전날 학원에 사정해 영사기 실물을 보기도 했다. 지우는 머릿속으로만 상상하지 않고, 실제와 가장 가까운 형태로 시뮬레이션해본 것이다. 집요하게 할 수 있는 일을 찾아서 한 결과, 넷 중 유일하게 필기와 실기 시험 모두에 합격했다.

돌이켜보면 극장 기획 과정에서도 집요한 시뮬레이션이 큰 역할을 했다. 우리는 상상이 머릿속에서만 머물게 두지 않았다. 주인공을 캐스팅하고, 정서를 구체화하고, 심상 지도를 만들고, 시나리오를 썼다. 실제 극장인 것처럼 프로토타입을 만들어 사람들도 초대했다. 물론 아무리 구체적으로 시뮬레이션했다 하더라도 현실과 같을 수는 없었다. 그러나 할 수 있는 만큼 최대한 구체적으로 상상해본 과정이 있었기에, 그 간극을 좁혀나갈 수 있었다고 생각한다. 결국 차이를 만들어내는 것은 집요함임을 배웠다.

극장을 오픈한 후 가장 짜릿했던 순간이 있다면, 기획이 실제로 들어맞았을 때다. 가상의 시뮬레이션이 정말로 작동하는 것을 눈으로 확인하는 그 순간 기획자로서 큰 성취감을 느낀다. 〈미드 90〉 주인공 스티비(뉴비)와 레이(오피니언 리더)는 무비랜드에 왔으면 하는 사람들이

작업에 영향을 미친 영화가 궁금해서 무비랜드를 찾았다고 했다. 이후에도 초대하는 큐레이터에 따라 오피니언 리더와 뉴비들의 모습이 달라졌다. 댄서, 래퍼, 만화가, 편집장 등 큐레이터가 속한 분야가 달라질 때마다 새로운 오피니언 리더와 뉴비가 무비랜드를 찾는다. 그들 사이에서 느껴지는 소속감과 유대감은 우리가 상상했던 그대로다.

공간의 이미지를 구체화할 때 우리가 도피처 삼아 다닌 도서관 같은 모습을 상상했는데, 실제 단골손님들이 비슷한 의미로 무비랜드를

었다. 실제로 극장을 열고 나서 얼마간은 이 가설을 잊고 있었는데, 2024년 6월 그래픽 디자이너 듀오 신신을 큐레이터로 초대했을 당시 이 가설이 실제로 작동하는 것을 지켜볼 수 있었다. 신신은 디자인 업계의 오피니언 리더였고, 그들의 큐레이션 기간 동안에 주니어 디자이너들이 특히 무비랜드를 많이 방문했다. 뉴비들은 신신의 작업을 동경했고, 그들의

찾고 있다는 것을 알게 되었을 때도 기뻤다. 무비랜드 개관 때부터 손꼽게 자주 방문하는 한 손님은, 대구에서 상경해 일하면서 친구도 취미도 없었는데, 무비랜드라는 마음 기댈 곳이 생겼다고 얘기해주었다. 또 다른 단골손님도 무비랜드가 2주에 한 번, 모든 일을 제쳐두고 찾는 도피처라고 했다.

기획을 하는 동안에는 구현된 것이 없기
때문에; 당연히 모든 아이디어가 허무맹
랑한 소리처럼 들린다. 1년 동안 허공 속
의 외침처럼 상상을 구체화하는 시기를
보냈다. 가끔 모든 기획이 무의미하게 느
껴질 때도 있었다. 하지만 돌이켜보니 그
시간이 지금을 만든 토양이 되었다. 한
획씩 긋다 보니 막막하게만 느껴지던 백
지가 어느새 빼곡히 채워져 있었다. 이때
의 경험이 나를 포함해 팀에 큰 자산으로
남았다. 기획의 벽에 가로막힐 때마다 무
비랜드를 만들며 자주 되새겼던 문장을
떠올린다.

　　"시작하면, 시작된다."

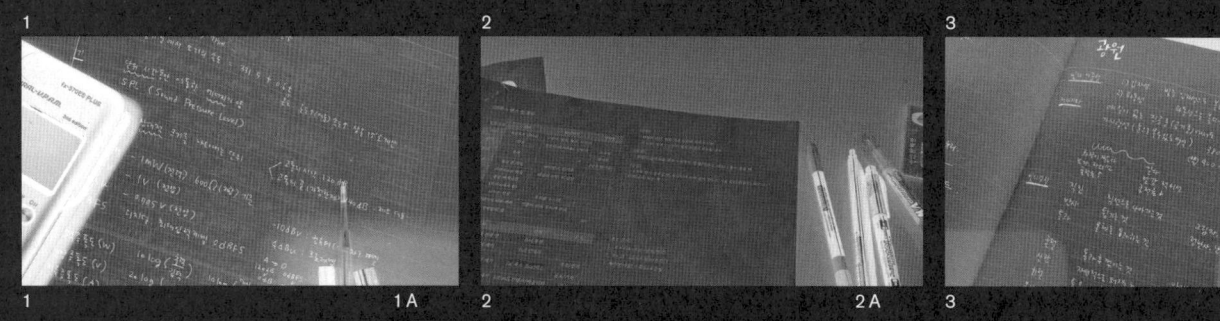

처음 영사기능사 자격증에 도전하게 된 계기는?

지우:

극장업을 하기 위한 제반사항을 알아보던 중 영사기사 자격증을 가진 근무자가 필요하다는 정보를 알게 되었다. 처음엔 당연히 자격증 소지자를 새롭게 뽑아야겠다고 생각했다가, 문득 '그냥 우리가 따도 되지 않나?'라는 생각이 들었다. 그때는 무엇을 공부해야 하는지, 영사기사가 어떤 일을 하는지도 몰랐지만, 재밌어 보이기도 하고 설레는 마음이 먼저 들었다. 멤버들에게 "저희가 딸까요?"라고 말을 꺼냈을 때 아주 잠깐의 정적이 흘렀던 것이 기억난다. 수많은 일들을 앞두고 있던 터라 다들 그게 가능할까 싶었을 것 같다. 그렇게 함께 여정을 떠날 팀원을 구했고, 4명의 영사기사 자격증 스터디가 꾸려졌다.

4 4 A 5 5 A 6

Q.

자격증 취득하기까지의 여정을 되짚어본다면?

지우:

영사기사 시험은 필기와 실기 시험이 1년에 단 한 번씩뿐이다. 떨어지면 1년을 다시 기다려야 하는 상황이었고, 인터넷상에는 자격증에 대한 정보가 거의 없었다. 그러던 중 전국에서 유일하다는 영사기사 학원을 알게 되었다. 학원 인터넷 카페에 올라온 선배들의 조언과 노트를 보며 스터디 스케줄을 짰고, 1차 관문인 필기 시험을 위해 멤버들과 인터넷 강의를 함께 수강하며 공부를 시작했다. 필기는 총 네 과목이었고, 이걸 알아

서 어디다 쓰는 건지 모를 전기, 광원에 대한 내용부터 실제 극장업 운영을 위한 음향, 영사까지 극장 시스템을 이해하기 위한 지식을 공부했다. 시험 바로 전주까지도 훈택은 점수 미달의 위기에 있었고, 소현, 소호와는 노트 필기를 공유하며 스터디를 이어갔다. 그렇게 필기 시험의 날이 다가왔고, 시험 전날에는 다 같이 부산에 내려가 숙소를 잡고 밤샘 벼락치기를 했다. 필기 시험을 보던 때는 벚꽃이 아름답게 핀 날이었다. 4명의 멤버는 각자의 고사실로 흩어져 각자만의 싸움에 들어갔다. 시험이 끝나고 떨림과 비장함으로 입장했던 고사실을 나와, 다시 모였을 때 멤버들은 모두 의미심장하게 웃고 있었다. 우리는 바로 카페로 달려가서 학창 시절 때처럼 답을 서로 맞춰봤다. 몇 번이고 채점한 끝에 다들 필기 커트라인을 넘겼다는 것을 확인하고서 어깨를 얼싸안았던 순간이 기억난다. 실기라는 최종 보스가 남아 있다는 것을 망각한 채….

6 A   7   7 A   8   8 A   9

Q

위기의 순간은 없었나?

지우:

필기를 통과하자 우리에겐 자신감이 생겼다. 실기도 가뿐하게 통과할 수 있을 거라 생각했다. 하지만 우리에게는 연습해볼 영사기도 없었고, 디머나 상영 서버라는 건 어떻게 생겼는지도 몰랐다. 멤버들은 각자의 방법으로 이미지 트레이닝과 가상의 시뮬레이션을 돌렸지만 상상과 현실은 너무나도 달랐다. (소현은 피그마로 모든 서버 화면을 구현하여 시뮬레이션용 사이트를 만들기도 했다.) 실기의 첫 번째 주자였던 소호가 영화를 틀지 못한 채 시험을 마쳤고, 남은 멤버들에게 멘붕의 현장 후기를 남겨주었다. 이어서 소현과 훈택도 최종 관문을 통과하지 못했고, 나는 공포에 떨면서 마지막 차례를 기다리고 있었다.

10

11

12

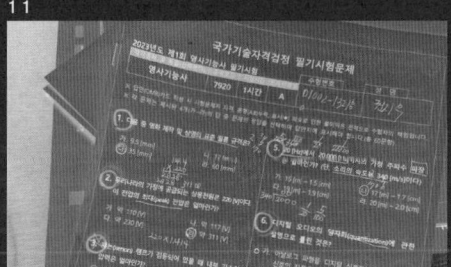

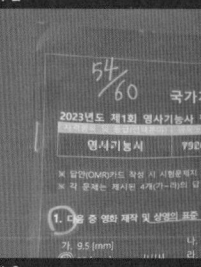

9A　10　　10A　11　　11A　12

합격 후 소감은 어땠나?

지우:

막상 실기장에 들어서서는 차분한 마음으로 시험에 임했다. "디머 켰습니다" "화면비 맞추겠습니다" "DCP 인제스트 하겠습니다" 등등 시뮬레이션을 돌렸던 것처럼 한 단계 씩 지나갔고, 마지막 단계에 영화가 스크린 위로 정상적으로 상영되는 걸 확인하자 '됐 다!' 하는 확신이 들었다. 시험장을 나오는데 웃음이 실실 새어나왔고, 건물을 나서자마 자 서울에 있는 멤버들에게 화상 전화를 걸었다. 모두가 함께 소리를 지르며 기뻐하던 그 순간이 가장 기억에 남는다. 막막하게 흘러가던 극장 프로젝트에서 확실한 한 발을 딛은 느낌이었다.

13
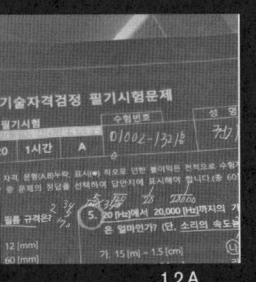
12A

13　　　　　　　　　　　　　　13A

14
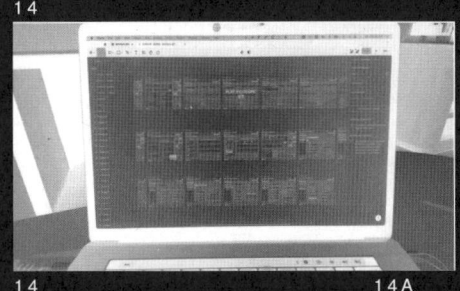
14　　　　　　　　　　　　　　14A

15
15

Q.

자격증 취득 당시와 현재 실무를 비교하면 어떤 차이점이 있는지?

지우:

자격증을 위해 배운 내용들이 실제 극장 운영과 거의 다르지 않다. 그때 공부를 하지 않 았다면 지금의 극장 운영은 정말 매일이 긴장의 연속이었을 것 같다. 물론 현장 운영을 하다 보면 늘 새로운 돌발 상황이 생기지만, 하나씩 대응하면서 지금도 계속해서 배워 나가고 있다. 현재도 자격증을 따고 싶어 하는 멤버가 있어 기회가 된다면 두 번째 스터 디를 열어보고 싶다.

Q.
자격증에 도전하고 싶은 사람에게 줄 수 있는 팁이 있다면?

지우:
개인적으로 영사기사 자격증을 준비하는 과정에서 머리가 맑아진다는 느낌을 받았다. 평소의 업무에서는 답이 없는 문제를 가지고 씨름을 하게 되는데, 자격증 스터디에서 만큼은 선생님이 있고, 정답이 있다는 사실 그 자체로 즐겁게 공부를 할 수 있었다. 숙제를 한다는 느낌보다는 공동의 목표를 이루고자 하는 동료들과 함께 즐거운 마음으로 임할 수 있기를 바란다. 실기장에서는 결국엔 자신감이 필살기이기에, 부족한 부분이 있어도 영사기가 익숙하다는 듯 뻔뻔하게, 실수가 있어도 "다시 해보겠습니다"라고 당당하게 말했으면 한다. 그러기 위해 가상의 시뮬레이션을 많이 돌려보는 것이 긴장감을 낮추는 데 정말 도움이 된다. 종종 무비랜드에 오시는 손님 중에 "저도 영사기사예요"라고 말을 걸어주시는 분들이 있다. 그러면 괜히 반가워 서로의 고충을 털어놓기도 하고, 소소한 팁을 나누기도 한다. 실제로 영사기의 램프가 어두운 느낌이 있어 손님으

16

17

15A 16 16A 17 17A

로 인연을 맺은 영사기사분과 연락을 주고받으며 문제를 해결하기도 했다. 이런 느슨한 연대를 느낄 때, 사라져가는 극장에서 여전히 영화를 틀고 있을 어딘가의 영사기사들을 떠올리게 된다.

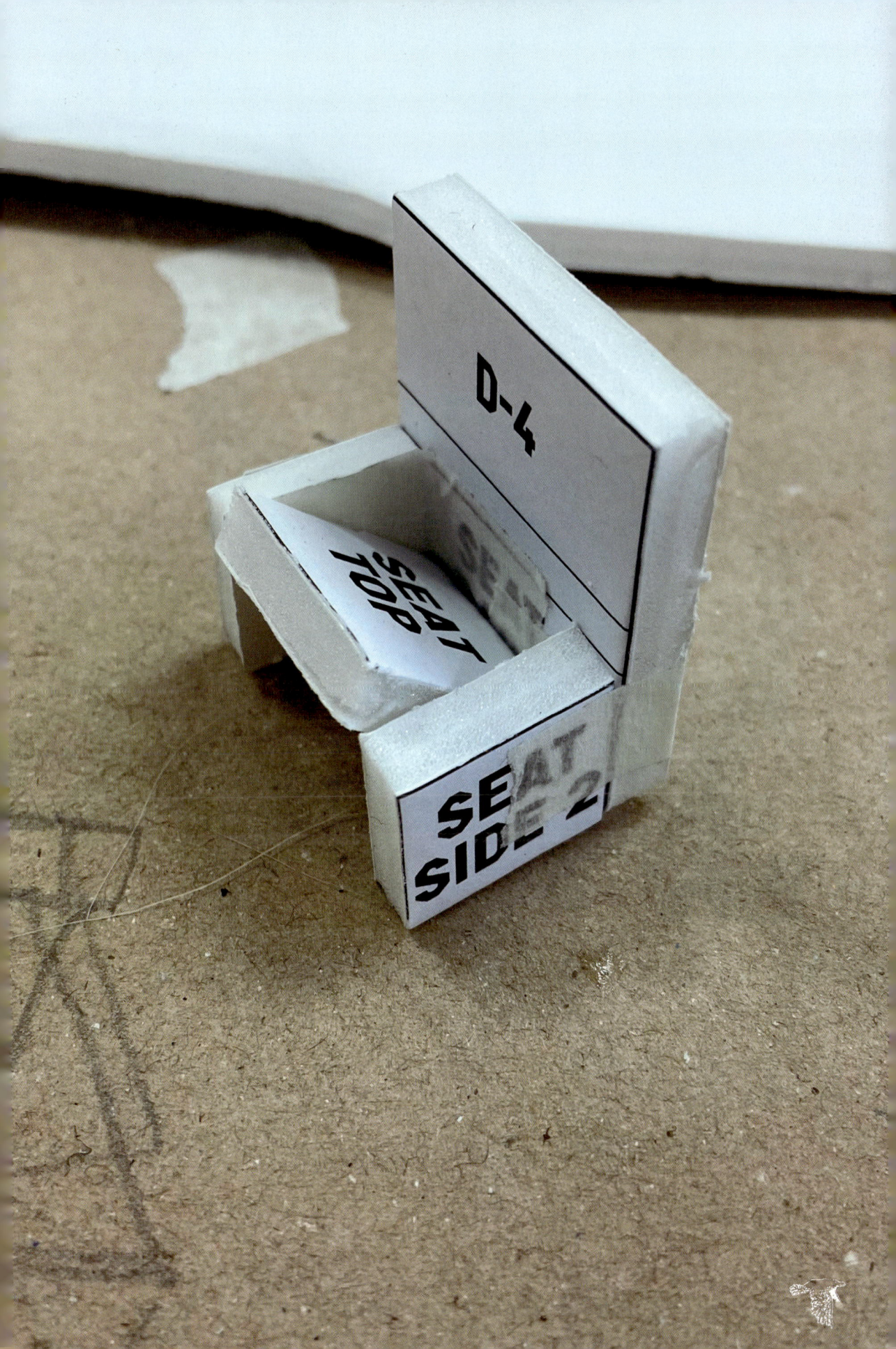

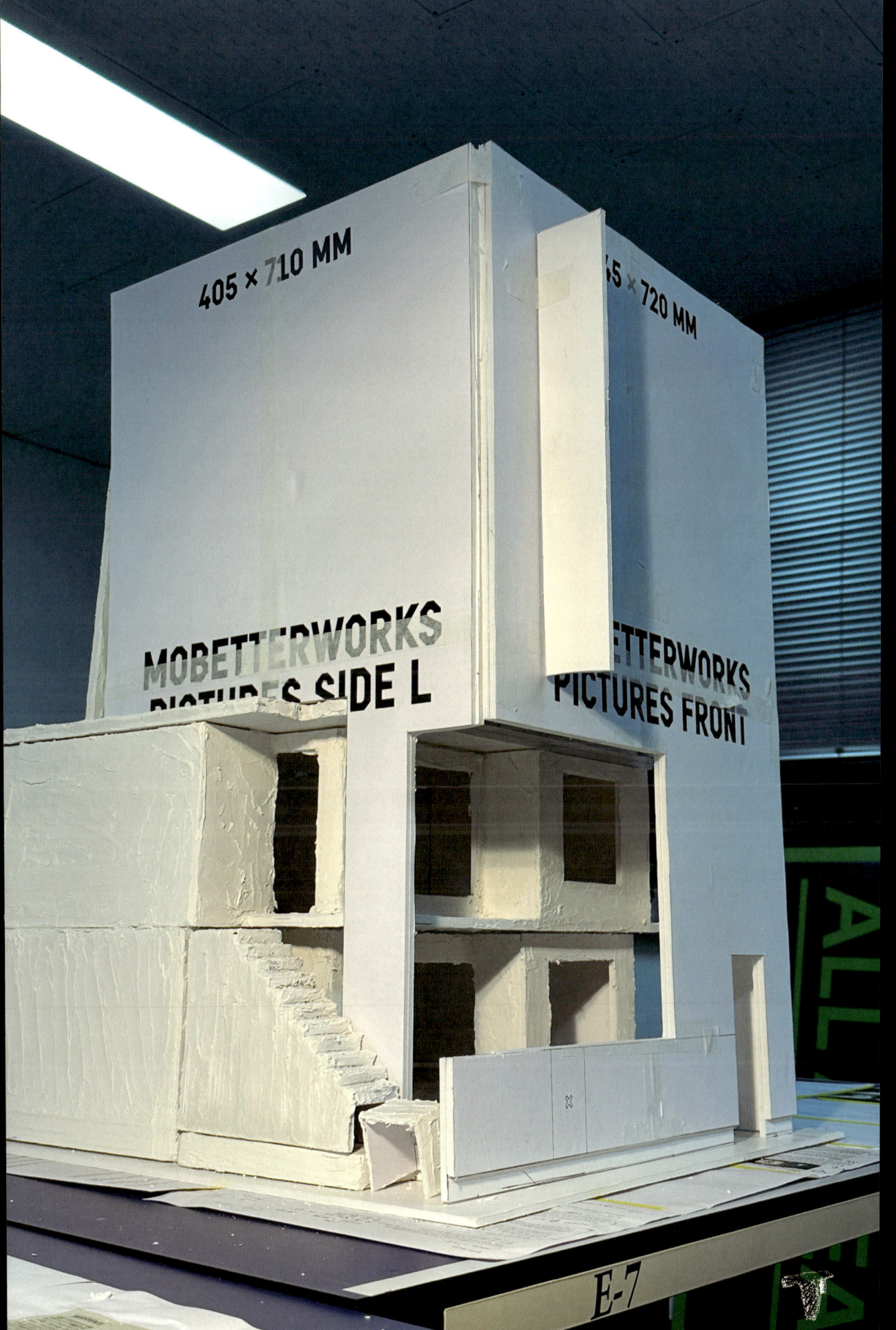

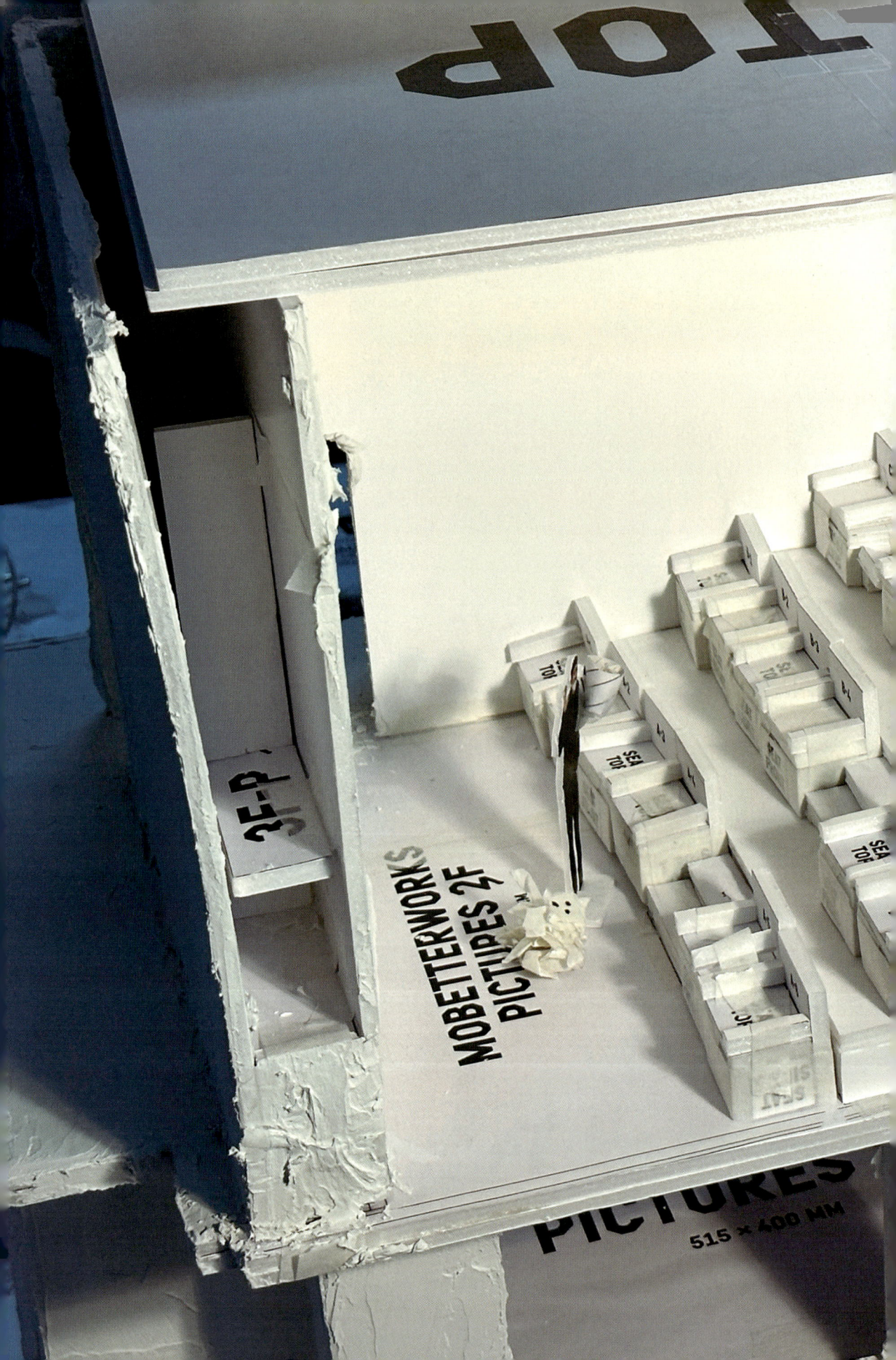

① MBWS 동이 가지게 뚜껑 50EA

② MBWS 동이 가지게 뚜껑 50EA

③ MBWS 동이 가지게 뚜껑 50EA

실현

전쟁 같은 건축

2022년 4월, 낡은 주택을 극장으로 만들기 위해 건축사무소를 수소문했다.
몇 군데를 만나본 후 주택을 상업 공간으로 리모델링하는 것에 전문성을 갖춘
건축사 '쿠움파트너스'와 함께하기로 결정했다. 건축은 한 번도 경험해본
적 없는 분야였기 때문에 긴장도 됐지만, 드디어 공간을 만들기 시작한다는
생각에 설레는 마음이 더욱 컸다. 공간팀 담당자 훈택이 '쿠움파트너스'의
오대천 실장과 구체적인 논의를 시작했다. ☛

층당 약 18평의 공간을 개조해 상영관을 포함한 극장으로 만드는 것이 주된
계획이었다. 좌석 수가 30석 이상이거나, 바닥 면적이 60㎡ 이상이 되어야
상영관 허가를 받을 수 있기 때문에 주어진 면적에서 해결해야 할 과제가
많았다. 좌석 배치뿐만 아니라 좌석 간 이동 통로 폭 1,000㎜ 이상, 스크린과
A열 간 최소 거리 확보 등 세세한 조건들도 고려해야 했다. 계단도 문제였다.
1층과 2층의 경우 기존 건물의 계단을 그대로 사용할 수 있었지만 3층은 새로
증축해야 했는데, 2층에서 3층으로 연결되는 계단 구조를 설계하는 일이
쉽지 않았다. 아무리 스케치업 프로그램을 돌려봐도 주어진 건폐율과 용적률
안에서는 답이 나오지 않았다.

철거 전 주택

　"되는 방향으로 생각해야죠. 주어진 상황에서 되게 만들어야죠."
오대천 실장이 훈택에게 선넨 말이 믿음직스러웠다. 두 사람은 할 수 있는
방법을 찾기 위해 머리를 맞댔고, 몇 가지 방향이 구체화되었다. 그리고 결국
설계안을 고안하여 공사를 시작했다.
　공사 난이도는 극상이었다. 극장 부지가 좁은 골목에 위치했기 때문에
레미콘, 철거 트럭, 지게차, 자재차량 등 건축을 위한 중장비들이
들어올 수 없었다. 공사 여건은 전혀 고려하지 않고 공간을 구했기 때문에
이런 어려움이 닥칠지는 예상하지 못했다. 극장 공간 후면에 접해 있는
빌라 주차장을 빌리는 것이 유일한 방법이었다. 당시 성수동은 이곳저곳에서
공사가 진행되고 있었다. 훈택은 널찍한 부지에서 공사하는 현장이 부러워
남몰래 한숨을 쉬었다.

2022년 11월, 공사 과정에서 구조적인 결함을 발견했다. 주택이었던 기존
건물이 워낙 노후한 상태였기 때문에 층고가 높은 상영관을 증축하는 것의
리스크가 예상보다 컸다. 고민 끝에 결국 건물을 모두 허물고 1층부터
개축하는 방향으로 설계를 변경해야 했다. 모든 계획이 원점으로 돌아갔다.
인허가는 일정의 가장 큰 변수였다. 변경된 설계안으로 인허가를 받는 것이
쉽지 않았다. 설계나 공사는 건축사무소의 의지로 컨트롤할 수 있었지만,
허가는 공공기관에서 진행하는 부분이었기에 내부의 의지만으로 일정을
통제할 수 없었다. 허가가 완료되기를 하염없이 기다릴 수밖에 없는
상황이 이어졌다. 인허가로 인해 일정이 지연되는 동안, 팀의 고정 지출은
계속 발생했다. 극장 기획을 하는 한편으로 비용을 충당하기 위한 외주
작업을 병행해야 했고, 팀원들의 체력은 고갈되어갔다. 거의 1년의 시간이
지지부진하게 흘렀다. 2023년 5월을 완공 예정일로 잡았는데, 완공은커녕
2023년 6월이 되어서야 겨우 인허가를 받고 다시 공사를 시작할 수 있었다.

다시 착공한 이후부터는 민원과의 전쟁이 시작되었다. 중장비 차량 주차를
위해 빌라 주차장을 빌렸지만, 그곳도 협소해서 주민들의 차량을 대부분
이동시킨 후에야 작업을 시작할 수 있었고, 그로 인한 민원이 무성했다.
주차뿐만 아니라 소음과 먼지 등 주민의 입장에서는 불편한 부분이 많았다.
빌라 측은 양보하지 못하겠다는 강경한 입장이었다. 빌라 관리 반장님과 이에
대해 합의하는 자리를 여러 차례 가졌고, 추석 연휴 훈택은 집집마다 사과
박스를 돌렸다. 결국 빌라에서 필요한 간이 컨테이너 사무소 시공을 해주는
조건으로 합의하고 공사를 시작했다.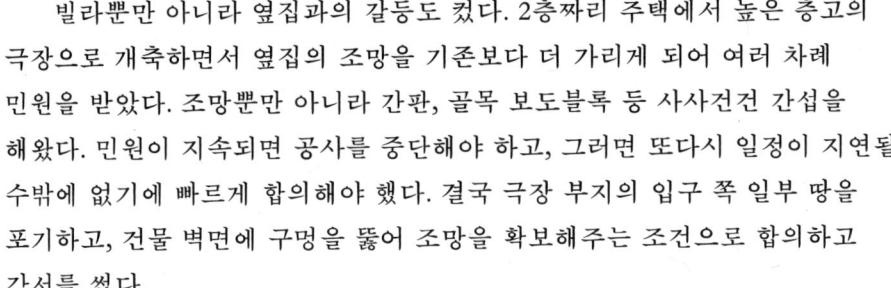
　　빌라뿐만 아니라 옆집과의 갈등도 컸다. 2층짜리 주택에서 높은 층고의
극장으로 개축하면서 옆집의 조망을 기존보다 더 가리게 되어 여러 차례
민원을 받았다. 조망뿐만 아니라 간판, 골목 보도블록 등 사사건건 간섭을
해왔다. 민원이 지속되면 공사를 중단해야 하고, 그러면 또다시 일정이 지연될
수밖에 없기에 빠르게 합의해야 했다. 결국 극장 부지의 입구 쪽 일부 땅을
포기하고, 건물 벽면에 구멍을 뚫어 조망을 확보해주는 조건으로 합의하고
각서를 썼다.

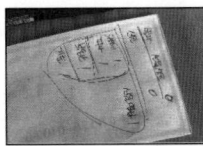

민원 처리를 위한 명절
선물 준비

초기 설계안은 주택의 틀을 유지하며 상영관을 증축하는 방식이었기
때문에 공간의 구조가 조금 더 아기자기했다. 공간적 재미가 다양한 반면,
3층 상영관으로 이동할 때는 천장이 없는 외부 계단을 통해 가야 하는
불편함이 있었다. 그러나 설계안을 전면 수정하게 되면서 공간 전체 면적은
줄었지만, 외부 계단을 포함해 전체를 감싸는 천장이 있는 보다 심플하고
쾌적한 방향으로 정리됐다. 초기 설계안을 기준으로 기획한 것들을 새로운
설계변경안에 맞춰 재배치했다.

공간의 뼈대가 되는 골조가 올라가고, 서서히 상상했던 극장의 모습이
드러나는 것을 볼 때 신기하고 기뻤다. 하지만 공사가 진척될수록 각종
견적서들이 함께 따라왔다. 상하수도, 전기 증설, 구조 진단비… 수백만 원,
많게는 수천만 원 단위로 비용이 청구되었다. 그때마다 훈택은 민망한 듯
견적서를 내밀었고 나는 머쓱하게 웃으며 입금 일자를 미뤘다.
    건축은 변수와의 싸움이었다. 계획한 것이 무색할 만큼 일정대로
흘러간 적이 없었다. 비용도 마찬가지였다. 처음에 예상했던 건축비 외에도
들어가는 지출의 종류도 금액도 다양했다. 날씨만큼이나 민원, 허가 역시
통제 불능이었다. 그러나 그 모든 것을 뒤로하고 회색 노출 콘크리트 건물은
반듯하고 든든하게 세워시고 있었다.

공간의 인상, 실내 디자인

2층짜리 주택은 총 세 개 층의 극장으로 증축됐다. 처음부터 3층을 상영관으로
설계했기 때문에 자연스럽게 2층은 대기 공간, 1층은 판매 공간이 되었다.
1층에서 2층 라운지, 3층 상영관으로 올라갈수록 점차 공간에 몰입할 수
있게끔 했다. 건축이 공간의 뼈대를 만드는 일이라면, 실내 디자인은
그 뼈대에 살을 붙여 완성하는 작업이다. 실내 디자인을 통해 구현하고 싶은
정서와 심상이 뚜렷했던 만큼, 우리와 함께 시너지를 낼 수 있는 팀을
찾는 것이 중요했다. 클라이언트와 에이전시의 관계보다는 하나의 팀처럼

공사 현장

경계 없이 작업하길 원했고, 공간 디자인팀 '콩과하'를 만났을 때 바로
이 사람들이라고 직감했다.

　건축사와 초기에 계획했던 완공일은 2023년 5월이었기 때문에, 그 일정에
맞추어 '콩과하'와는 2022년 10월에 킥오프 미팅을 진행했다. 곧이어 디자인에
착수하기로 하고 업무를 시작했지만, 건축 설계안을 변경하게 되면서 전체
일정이 무기한 연기될 수밖에 없었다. 2023년 6월, 다시 착공에 들어가고
그로부터 세 달 뒤 디자인 설계를 시작하기까지 거의 1년 남짓한 시간을
붕 뜬 채로 보냈다. 그럼에도 불구하고 '콩과하'는 그 시간 동안 지속적으로
극장 공간 기획에 함께해줬고, 그것이 팀에 큰 도움이 되었다. 늘어난 일정만큼
'콩과하'와 우리 팀 사이에 더 끈끈한 고리가 생겼다.

　우리는 서로 대화를 정말 많이 나누었다. 콩 실장과 하 실장은 그동안
쌓인 모티비 에피소드를 정주행하며 우리가 극장을 기획하게 된 의식의
흐름과 내재된 욕망을 파악했다. 모티비에서 영화 이야기는 한 적이 없었다고
생각했는데, 초창기 에피소드에서 모춘이 하루에 영화 세 편씩 보던 백수 시절
얘기를 했다는 것도 그들이 알려주었다. 일에 돌입하기에 앞서 서로에 대해
이해하는 과정이 중요함을 배운 시간이었다. 공간 디자인은 크고 작은 결정의
연속이다. '왜' 극장을 만들게 됐는지에 대한 이해는, 이후 크고 작은 결정의
좌표가 되어주었다.

실내 디자인의 시작은 먼저 공간의 인상을 무드보드에 정리하는 것이었다.
팀에서 구체화한 심상지도를 바탕으로 레퍼런스 이미지를 모았다.
공간 기획 단계에서 이미지들은 과하다 싶을 정도로 많이 찾아두었기에
무드보드 작업은 순조롭게 흘렀다. 🐾

　인상에 대한 합의를 마친 후, 사용자가 층별로 경험하게 될 프로그램과
동선을 구상했다. 극장의 특성상 표를 산 사람, 지나가다 구경하는 사람,
이미 영화를 보고 나가는 사람, 보러 들어가는 사람 등 방문객 개개인의
변수가 다양했다. 모든 사람이 각각 편안한 경험을 할 수 있도록 레이아웃을
구성해야 했다.

　협소한 공간에 비해 층별로 넣고 싶은 프로그램이 많았다. 특히 1층 판매

공간 레퍼런스 무드보드

공간에는 매점과 기념품 숍은 물론이고, 티켓 창구가 있는 매표소, 실크프린트
서비스 체험 공간, 영사실, 창고, 휴게 공간 등의 프로그램을 약 18평 정도
되는 곳에 우겨넣어야 하는 상황이었다.

　　2층 대기 공간에는 화장실 두 칸 자리를 내는 것도 어려웠는데,
이런 불가능해 보이는 상황에도 우리가 프로그램을 계속 채울 것을 요구해
'콩과하'에서 난감해 한 적이 많았다. 하 실장은 공간의 여백이 그곳을
이용하는 사람들이나 운영의 힘으로 채워진다고 줄곧 우리를 안심시켰다.
그렇게 여백을 두되, 퍼즐을 짜맞추듯 작은 공간까지 버리는 곳 없이
사용하는 레이아웃이 완성되었다. ☞

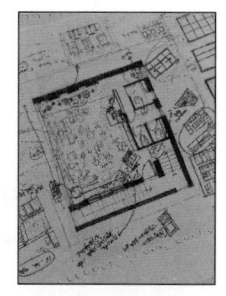

　　특히 2층 라운지는 영화를 상영할 때는 대기 공간으로 사용되지만,
소규모 밋업이나 콘텐츠 촬영 등의 추가 프로그램도 소화해야 했기 때문에,
공간을 가변적으로 활용할 수 있도록 만들어야 했다. 최대한 공간 여러 곳에
여백을 마련해서, 장식장 하부에는 스툴을 수납해두었다가 필요할 때 꺼내
쓰거나, 스크린을 벽장에 넣어 벽과 스크린 모두 활용할 수 있도록 만들었다.
대부분의 가구들을 이동 가능하도록 만들었고, 구석의 자투리 공간까지
활용해 독서실처럼 벽을 마주하는 자리를 만든 뒤, '슈퍼 싱글' 자리라고
이름 붙였다.

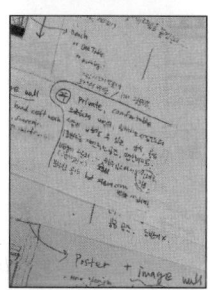

1층 매표소는 골목에 들어서면 가장 먼저 마주하는 얼굴로, 옛 극장의 외부
티켓 창구를 현대적으로 구현하고 싶었다. 그리고 극장에 도착했다는
감각은 팝콘 냄새로부터 시작된다고 생각해 매점이 1층의 주요한 인상이
되도록 배치했다. 전면을 통창으로 구성해 외부에서도 매점의 풍경이
보이도록 했고, 한편에는 실크스크린 체험 공간을 만들고, 그 옆으로
기념품을 진열했다. 공간이 협소해 지하 창고 입구는 크게 만들기 어려운
상황이었는데, 오래된 미국 주택 창고처럼 매점 바 하부에 입구를 숨겨놓아
보는 재미를 더했다.

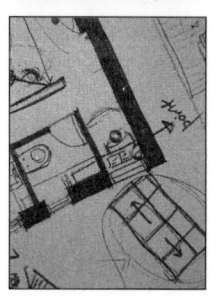

공간 레이아웃 스케치

이렇게 세 층의 공간을 구성하고 나니 사용자의 경험이 명료해졌다.
1층 매표소에서 티켓을 받고, 매점에서 팝콘을 사고, 기념품 숍을 구경하다가,

2층에서 잠깐 기다린 후 3층에서 영화를 보고 내려오는 경험의 흐름이 매끄럽게 느껴졌다. 화장실은 남녀 각각 한 칸밖에 할애하지 못했고, 구조상 3층 상영관 문을 앞쪽에만 배치할 수밖에 없어 아쉬웠지만, 주어진 제약 안에서 최선의 레이아웃을 만들었다.

레이아웃을 확정한 다음에는 이를 바탕으로 스케치업을 활용해 3D로 공간을 시뮬레이션했다. 상상과 스케치에 머무르던 공간이 현실감 있는 스케일로 구현되었다. 동시에 실내 디자인에 사용할 마감재의 소재와 컬러를 결정해야 했다. 우리가 그와 관련해 '콩과하' 쪽에 요청했던 것은 '빈티지 무드의 구현'으로, 마냥 낡은 빈티지가 아니라, 주인이 정성스럽게 잘 길들여 손때가 느껴지는 빈티지의 느낌이었다. 오래된 학교 나무 책상의 반질반질한 촉감을 상상했다. 새 거지만 새 거 티가 안 나는, 따뜻한 아이스 아메리카노 같은 주문이었다.

　　인테리어 공사를 시작하기 전, 수입해오는 데 시간이 걸린다는 창호의 나무 색을 먼저 골랐다. 창호 공장을 찾아가 수많은 색 중 오렌지 빛깔의 나무를 골랐다. 공장 사장님은 지금까지 누구도 고르지 않았던 컬러라며 고개를 갸우뚱하셨다. 자칫 튀거나 촌스러울 수 있는 색깔이었지만 회색빛의 노출 콘크리트 건물 외관과 어우러질 때 포인트가 될 수 있을 거라 판단했다. 게다가 오렌지색 나무는 무르익을수록 멋스럽게 에이징될 것이었다.

　　창호를 나무 소재로 선택한 것과 마찬가지로, 공간에 전반적으로 목재를 많이 사용했다. 세련되고 정제된 인상의 공간보다는 따뜻하고 사람 냄새 나는 곳으로 만들고 싶었기 때문이다. 목재는 시간이 지날수록 사용감이 매력적으로 드러나는 소재라고 생각했다. '이건 좀 무리다' 싶을 정도까지 벽과 천장에 나무를 바르듯이 사용해 자재값만 1억이 넘게 들었다. 나무의 종류도 원목부터 화려한 문양의 무늬목까지 함께 사용해 밀도를 높였다. 조색에도 심혈을 기울였다. 창호 나무의 색과 맞추기 위해 스테인 조색 테스트를 여러 번 했고, 핑크빛 도는 스테인을 섞어 색을 맞췄다. 바니시 마감은 유광으로 진행해 반질거리는 느낌을 추가했다. 🐾

나무 조색 테스트

상영관은 어두워서 마감재가 잘 안 보일 수 있지만, 극장의 가장 핵심이
되는 공간인 만큼 이곳도 디테일까지 신경 쓰고자 했다. 상영관 천장은
두 가지 나무를 사용해 다이아몬드 모양의 문양을 만들었고, 무비랜드의
상징인 새 '필름모조(FilmMojo)'가 날아가는 모습을 일일이 조각해
나무 띠장으로 둘렀다. 우리 프로젝트 이후 '콩과하'에서 의뢰하는 일은
안 하고 싶다고 함께한 목수님이 말씀하실 정도로 시공 현장 난이도가
무척 높은 작업이었다. 🖎

상영관의 카펫 또한 오렌지색으로 결정했고, 무비랜드만의 패턴을 직접
디자인해 제작했다. 상영관 의자는 옛 극장처럼 부드러운 벨벳 소재를
택했다. 관리를 생각하면 인조 가죽이 편리하겠지만 사람들이 앉았을 때
조금 더 아늑한 촉감을 느끼길 원했다. 마찬가지로 오렌지색으로 골라
천장의 나무, 바닥의 카펫과 어우러지면서도, 다양한 계열의 오렌지색으로
밀도를 높이고자 했다. 그리고 마지막으로 공간의 나무와 오렌지색을
중화해주는 소재로 블랙 유광 대리석과 스테인리스를 함께 사용해, 오렌지
계열과 블랙, 그레이 계열이 조화롭게 어울리도록 했다.

가구 제작기

어느 정도 공간 내부의 시뮬레이션을 마치고 2023년 11월, 본격적인 인테리어
공사를 시작했다. 이제는 소재의 디테일을 하나씩 결정하고, 가구를 구매하고,
제작할 차례였다. 예상보다 높아진 건축 비용 때문에 인테리어 예산이
빠듯했다. 적은 예산과 높은 욕심 사이 내적 갈등이 심했다. 그렇지만 대부분
욕심을 내려놓지 못해 돈을 더 써야 했다. 마이너스 통장의 한도는 늘
아슬아슬했다.

　　우선 상영관 의자를 구매하기 위해 '콩과하'와 함께 의자 공장에
방문했다. 각종 극장 의자들이 종류별로 전시된 곳이었다. 팔걸이에서 간이
받침대를 꺼낼 수 있는 형태도 있었고, 공연장에서 흔히 볼 수 있는 의자도

상영관 띠장 제작

있었다. 고를 때 의자 외양이 가장 중요한 부분이었어서 빈티지한 무드의
나무 소재의 의자를 중심으로 살펴봤다. 하지만 실제로 앉아보니 멀티플렉스
프리미엄 상영관 의자의 편안함을 이길 수 있는 의자가 없었다. 다만 의자
값에 벨벳 천까지 씌우면 개당 60만 원이 훌쩍 넘어서, 30석을 채우면 의자
값만 2천만 원이 들었다. 예산의 2배에 달한 금액이었지만, 영화관에서 의자는
포기할 수 없는 요소였다. 소극장이지만 의자만큼은 어느 프리미엄 상영관
부럽지 않게 만들고 싶었다. 오렌지색 벨벳 천으로 감싸고, 좌석 번호를
일일이 자수로 새겨 넣어 의자를 완성했다. 🐗

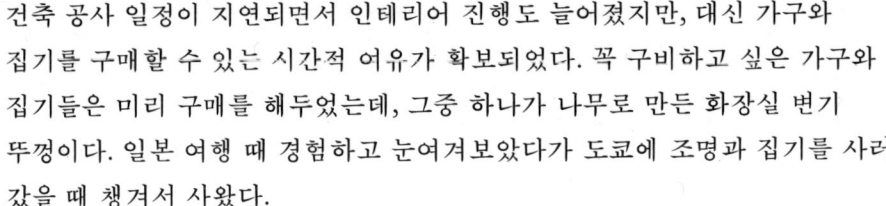

건축 공사 일정이 지연되면서 인테리어 진행도 늘어졌지만, 대신 가구와
집기를 구매할 수 있는 시간적 여유가 확보되었다. 꼭 구비하고 싶은 가구와
집기들은 미리 구매를 해두었는데, 그중 하나가 나무로 만든 화장실 변기
뚜껑이다. 일본 여행 때 경험하고 눈여겨보았다가 도쿄에 조명과 집기를 사러
갔을 때 챙겨서 사왔다.

    가구도 하나하나 완성도 있게 제작하려고 노력했다. 상영관뿐만 아니라
2층 라운지의 소파에도 음료 컵을 꽂을 수 있도록 구멍을 만들었고, 소파
등받이 뒤쪽으로는 매거진을 수납하는 공간을 만들어 상영을 기다리는 동안
잡지를 꺼내 보는 경험이 자연스럽게 이뤄지도록 했다. 소파를 감싸는 천은
덴마크의 프리미엄 텍스타일 브랜드 크바드라트(Kvadrat) 제품을 사용했다.
라운지 입구에는 리플릿을 두는 꽂이를 설치하고, 영화 관련 도서를 꽂아둘
필름 모양의 책장도 제작했다. 1층과 2층의 문손잡이에는 무비랜드의 상징
'필름모조'를 나무로 조각해 붙였다. 🐗

상영관 의자 제작

    공간이 완성되어갈 무렵, 비어 있는 부분을 채우기 위해 몇 가지 가구를
추가 제작했다. 2층 중앙의 곡선형 의자, 1층 마당의 스툴은 계획에는
없었지만 막바지에 추가했다. 특히 1층의 스툴은 첫인상을 만드는 요소라고
생각해, 특별하게 만들고 싶었다. '콩과하'의 제안으로 로컬 아티스트
윤정빈 작가와 협업해 까눌레 모양의 검정색 스툴이 완성되었다. 나무를
태워 조각하는 탄화 작업을 거쳐 스툴 다섯 개가 모두 제각각의 모양으로
만들어졌고, 공간에 개성을 더했다.

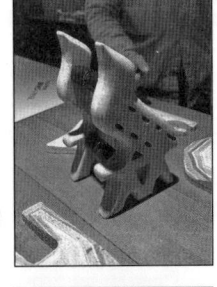

필름모조 문손잡이 제작

2022년 10월 '콩파하'를 처음 만나고 2024년 2월 공간을 완공하기까지 쉽지만은 않은 여정이었다. 그러나 공간에 어울리는 가구를 만들고, 구매하는 과정만큼은 기분 좋은 도파민으로 가득했다. 몸에 꼭 어울리는 옷을 샀을 때, 그 몇 배의 회열이 있었다. 주머니 사정은 여의치 않았지만, 알뜰살뜰 구매한 것들이 선물같이 느껴지기도 했다. 개관 직전까지 1층 매점의 상부장 정중앙에 설치할 시계를 고르지 못했는데, 거의 막판에 가까스로 비트라 조지 넬슨 벽시계를 찾았을 때의 짜릿함이란…. 오픈 전날 시계를 달고 비로소 공간이 완성된 느낌에 벅차오르던 감정이 아직도 선명하다. ☞

매점 상부장 시계

맨땅에 장비 구축

극장인 만큼 음향, 스크린 장비를 갖추는 일도 중요했는데, 다행히 감사한 인연을 만났다. 2022년 7월, 극장에 대한 이야기를 모티비 채널에 공개한 지 얼마 지나지 않은 때였다. 극장 스크린을 전문으로 다루는 '블룸즈베리랩'이라는 업체에서 스크린을 지원해주고 싶다는 연락을 받았다. 블룸즈베리랩은 2003년부터 자체 공장에서 연구 개발한 스크린을 CGV, 메가박스 등 국내뿐만 아니라 해외에까지 수출하고 있는 굵직한 회사였다. 블룸즈베리랩 김요섭 대표는 약 20년 전 몽골에 1,000평 규모의 영화관을 만든 이력도 있었다. 영화관 불모지였던 타지에 멀티플렉스 극장을 도입하고, 랜드마크로 만들며 불가능해 보이는 일에 도전하고 해낸 업계 선배의 사례는 큰 힘이 되었다. 대신 우리는 블룸즈베리랩의 브랜드 디자인 리뉴얼 작업을 함께하기로 했다. 마침 극장 스크린의 전문성을 바탕으로 가정용 스크린 시장을 공략하며 브랜드를 재정비하기 시작한 시점이었다. 서로의 강점을 주고받는 동시에, 극장 사업에 도전하는 업계 동료로서 좋은 관계를 만드는 계기였다.

　김요섭 대표로부터 영사기와 음향 장비를 전문으로 다루는 업체 '유진텍 코퍼레이션'도 소개받았다. 영사기는 시중에서 가격이나 스펙을 쉽게 비교할 수 있는 기기가 아니었기에 어떤 방식으로 구매해야 할지 어려움이 있었는데, 블룸즈베리랩과의 인연을 계기로 이를 해결할 수 있었다. 예산이 넉넉지 않았기에 중고 장비를 구매하기로 했는데 다행히 적정한 스펙의 크리스티(Cristie) 영사기 매물을 합리적인 가격으로 구입했다. 크리스티 영사기는 영사기사 자격증을 공부하며 익혔던 기기이기도 했다.

콩과하, 유진텍, 블룸즈베리랩과 함께 최적의 영화 관람 환경을 설계하기 위해 머리를 맞댔다. 영사기, 음향 장비, 좌석 간 최적의 위치를 찾고 각 기기들을 배치했다. 영사실은 1층 매표소 뒤편의 자투리 공간을 활용해 만들었다. 영사기 서버에 접속하고, 영화 전에 재생하는 오프닝 영상을 포함한 광고 영상 순서를 짜고, 영화를 재생하는 컨트롤타워 역할을 하는 곳이 될 터였다. 공간 전체 오디오 컨트롤과 마이크 방송도 이곳에서 소화할 수 있도록 했다.

매점 기기들은 공간 디자인이 구체화되기 전부터 미리 구매했다. 중고 팝콘 기계와 츄러스 기계를 구매해 사무실에서 테스트를 시작했다. F&B 일을 경험해본 사람은 없었지만, 다 같이 기기 사용법을 익혀가며 레시피를 만들어나갔다. 그 외에 음료 디스펜서, 제빙기, 커피 머신, 그라인더, 전자레인지, 냉장·냉동고 등 필요한 매점 장비들을 리스트업하며 매점 공간을 채워갔다.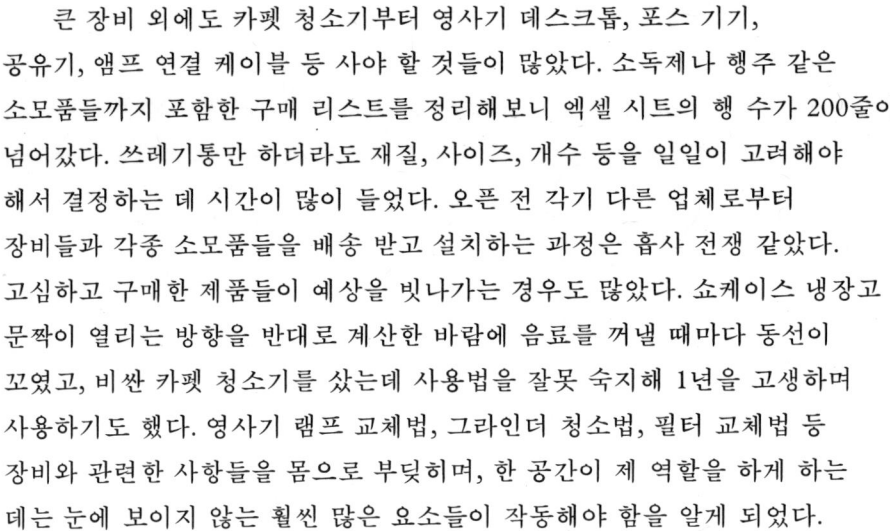

큰 장비 외에도 카펫 청소기부터 영사기 데스크톱, 포스 기기, 공유기, 앰프 연결 케이블 등 사야 할 것들이 많았다. 소독제나 행주 같은 소모품들까지 포함한 구매 리스트를 정리해보니 엑셀 시트의 행 수가 200줄이 넘어갔다. 쓰레기통만 하더라도 재질, 사이즈, 개수 등을 일일이 고려해야 해서 결정하는 데 시간이 많이 들었다. 오픈 전 각기 다른 업체로부터 장비들과 각종 소모품들을 배송 받고 설치하는 과정은 흡사 전쟁 같았다. 고심하고 구매한 제품들이 예상을 빗나가는 경우도 많았다. 쇼케이스 냉장고 문짝이 열리는 방향을 반대로 계산한 바람에 음료를 꺼낼 때마다 동선이 꼬였고, 비싼 카펫 청소기를 샀는데 사용법을 잘못 숙지해 1년을 고생하며 사용하기도 했다. 영사기 램프 교체법, 그라인더 청소법, 필터 교체법 등 장비와 관련한 사항들을 몸으로 부딪히며, 한 공간이 제 역할을 하게 하는 데는 눈에 보이지 않는 훨씬 많은 요소들이 작동해야 함을 알게 되었다.

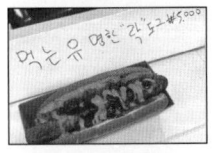

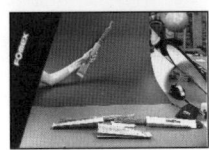

스낵 테스트

땀에 절여진 수작업 실험

공간을 만드는 동안 줄곧 팀의 핵심 DNA, '이야기'라는 키워드를 구현해내는
방식에 대해 고민했고, '수작업'은 그 고민의 결과였다. 모든 수작업은
작업자의 노고가 드러난다. 작업물을 감상할 때, 조형적인 완성도보다
그 이면을 상상하는 것이 더 재미있다. '이 선을 그으며 고민이 깊어졌구나,
이거 실수해서 덧댄 것 같은데 오히려 귀엽다' 같은 식으로 생각하다 보면,
왠지 작업자와 더욱 가까워진 것 같다. 내 작업이 아니지만 내 것처럼 애착이
생기기도 한다. 그래서 수작업이라는 수단으로 우리가 하고자 하는 이야기를
전달할 수 있을 거라 생각했다.

　　수작업에 있어 중요한 지점은 '고유성'이었다. 고유함을 표현하는
방식에 대한 힌트는 버내큘러 디자인(Vernacular Design)으로부터 얻었다.
이는 지역성과 일상성에 뿌리를 둔 디자인 접근 방식으로, 전문 디자이너에
의한 디자인이 아닌 특정 지역과 문화 속에서 자연스럽게 형성된 디자인을
뜻한다. 을지로에서 쉽게 볼 수 있는 간판들처럼, 환경과 필요에 의해 개성이
자연스럽게 드러난다. 무비랜드의 디자인 또한 정제된 느낌보다는 손맛이
느껴지는 방향을 지향했다.

　　그래서 심볼도 디지털 작업 대신 펜으로 그리는 방식을 택했다.
모베러웍스의 상징이었던 프리버드 '모조'를 단순화하고, 필름 문양을 넣어
무비랜드의 상징을 만들었다. 내부적으로는 '필름모조'라고 부르는 필름
새 심볼은 기존의 코믹스 스타일을 뺀, 팀의 새로운 스타일을 드러내는
상징물이기도 했다. 펜으로 그린 심볼을 스캔하여 작업했고, 수작업에서
비롯되는 비정형적인 조형을 살려 디자인을 다듬었다. 서체 디자인의
경우에도 일부러 가독성이 떨어지는 방향으로 디자인했다. 투박한 서체를
선택하고, 알파벳 'E'의 획을 조정해 가독성을 낮췄다. 불규칙하고 조악한
이미지가 무비랜드의 개성을 만든다고 생각했다. 이렇게 탄생한 무비랜드
브랜드 아이덴티티는 이후 모든 디자인의 시작점이 됐다.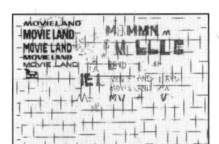

무비랜드의 정체성을 공간으로 확장하기 위해서는 사이니지(Signage)

무비랜드 아이덴티티 스케치

디자인도 중요했다. 사이니지 디자인은 단순히 길을 안내하는 장치가 아니라, 공간의 톤과 무드를 가장 직접적으로 드러내는 매개체다. 같은 기능을 가진 표식이라도 어떤 단어를 쓰느냐에 따라 전혀 다른 인상을 남긴다. 먼저 공간 구획별로 필요한 사이니지 목록을 작성하고, 명칭을 정했다. 사이니지 없이도 직관적으로 매점으로 인식되는 스낵바는 굳이 'SNACK BAR'라고 쓰지 않고, 대신 'JUNK FOOD'라는 표현을 선택했다. 길티 플레저(Guilty Pleasure)를 연상시키는 단어가 공간에 재미를 더한다고 생각했기 때문이다. 무비랜드 심볼을 연상시키는 새 모양 연을 직접 제작하고 그 위에 'JUNK FOOD'를 새겨 넣어, 사이니지인 동시에 장식품 역할도 하도록 했다. 무비랜드 공간 구성을 안내하는 입면도 역시 붓으로 설계도를 직접 그려서 만들었다. 획의 떨림이나 수정액의 사용이 고스란히 보이도록 작업하여 무비랜드의 정체성이 드러나도록 했다. 🖎

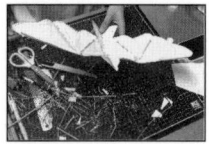

공간에 목재가 많이 쓰인 점을 고려해, 메인 간판은 이를 중화할 수 있는 주물 소재를 선택했다. 게다가 주물은 수작업으로 곡면을 비정형적으로 만들 수 있다는 점도 매력적이었다. 사이니지를 만들 때 꼭 필요한 것은 실물 스케일의 목업(mockup)이다. 모니터상에서는 적정 사이즈로 보여도, 실제와 다른 경우가 많기 때문이다. 번거롭긴 하지만 1:1 사이즈의 종이로 인쇄해 실제 공간에 부착해보고 사이즈를 재보며 작업을 이어갔다. 먼저 폼보드로 'MOVIE LAND' 알파벳을 하나씩 조각해 원형을 조각하고, 이를 목형으로 만들었다. 이후 목형 틀에 주물을 떠서 간판을 완성했다.

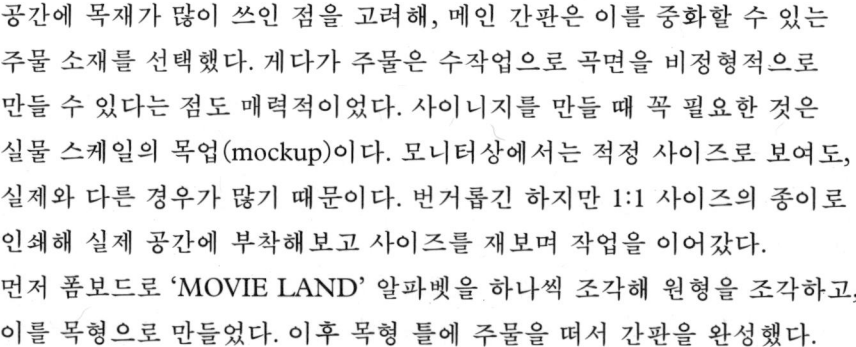

'수작업'이라는 방향성 아래 다양한 소재를 활용해보고 싶었고, 손으로 빚어 만드는 도자기에까지 생각이 미쳤다. '콩과하' 팀의 소개로 세라믹 작업을 하는 '나이트프루티'와 세라믹 월과 도자기 오브제를 제작했다. 도자기를 구워 타일 벽 하나를 만드는 것이 목표였다. 벽 전체를 채우는 그림을 그리고, 비정형적인 조각으로 면을 분할한 후 조각조각 도자기로 만들었다. 굽는 시간과 온도 등에 따라 도자기의 크기와 색이 예상한 수치와 미묘하게 어긋났고, 몇 번의 테스트를 거쳤지만 완벽한 치수로 제작하기란 어려웠다.

JUNK FOOD 사이니지 제작

결국 조각들 사이에 미묘한 틈이 생겼고 이를 메꾸기 위해 작은 도자기
조각들을 붙여서 완성했다. 계획에 없던 것들이었지만 이로 인해 더욱
고유한 모습으로 완성되었다. 세라믹 월 외에도, 무비랜드를 대표해줄 도자기
장식품들을 손수 만들었다.

동대문 봉제집을 돌아다니며 휘장도 만들었다. 휘장에는 '먼지 쌓인
보물'이라는 뜻인 무비랜드의 슬로건 'Dusty Gems'를 새겨 넣었다. 이것 역시
직접 만들다 보니 완벽하지 않았다. 휘장에 적힌 글자 중 오자가 있는 것을
발견하고, 실을 한 땀 한 땀 뜯어내고 그 위에 덧방을 하기도 했다. 부끄러운
실수이지만, 이것 역시 가감 없이 모티비 극장 제작기 영상으로 공유했다.
완벽한 결과물은 아니었지만 작업물에 담긴 작업자의 노고에 사람들은
공감 어린 응원을 보냈다. 수작업 과정을 거치며 100점짜리 감각으로 만든
결과물보다 땀에 절여진 80점짜리가 빛을 발한다는 사실을 알게 됐다.

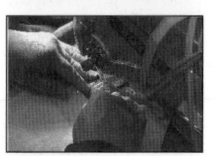

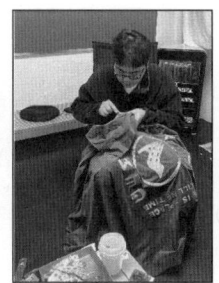

휘장 제작

회
고 혼신의 힘을
다한다는 것

건축과 공간 디자인은 변수와의 싸움이었다. 일정, 비용, 날씨 등 계획대로 진행되는 것이 없었다. 계획을 세우는 게 필요한가 싶을 정도로 모든 계획이 빗나갔다. 처음에는 계획이 틀어질 때마다 마스터플랜을 새로 만들다가, 어느 순간부터는 마스터플랜 짜는 것을 포기하고 주 단위, 일 단위로 해야 할 일을 확인하는 방식으로 일했다.

갈등도 잦았다. 이웃의 민원은 오랜 시간 우리를 괴롭혔고, 거의 사기 당하듯 영사기를 구매할 뻔하기도 했다. 애먼 웹사이트 개발사를 만나 헛돈을 쓰고 얼굴을 붉히며 싸우기도 했다. 부족한 비용을 마련하느라 여러 가지 일을 병행하다 보니 항상 신경이 곤두서 있었다. 나 자신에게도, 팀원들에게도 무리한 업무를 소화하도록 밀어붙였다. 그 과정에서 멤버들이 지치기도 했고, 이탈하기도 했다. 감정을 돌볼 여유는 없었다. 뒤돌아보지 않고 앞으로 나아가야 했다.

모든 것이 맨땅에 헤딩이었다. 몰랐기 때문에 용감했던 것 같다. 헤딩하는 땅이 그만큼 질척한 줄 알았더라면 조용히 피해 갔을 텐데. 그래도 열 번 부딪히면 어떻게든 실마리는 보였다. 모든 계획이 예상 밖으로 빗나간 것처럼, 행운도 예상치 못하게 찾아왔다. 선뜻 도움을 주는 사람도 생겼고, 도움은 또 다른 도움으로 이어졌다. 당시 만났던 사람들의 95는 극장을 만드는 일에 대해 회의적이었지만, 나머지 5의 사람들이 보내는 응원이 95가 보낸 우려를 상쇄하고도 남았다.

이렇게까지 애쓸 필요가 있나, 생각한 적이 많았다. 애도 쓰고, 몸도 쓰고, 돈도 쓰고, 있는 것을 모두 털어서 쓰다 보니 모두 잃는 기분이었다. 그러나 조금 서글프지만 잃은 만큼 결과가 따라왔다. 반대로 쉽게 한 일은 결과도 쉽게 흩어졌다. 더 이상은 무리라고 생각될 만큼 했던 일들의 총합이 곧 결과를 만들었다.

'콩과하', 공간 담당자 훈택과 극장 프로젝트를 리뷰하며 서로의 '혼'을 갈아 넣었다고 이야기했다. 각자가 가진 그릇 안에서 최대치를 끌어냈다. 어느 순간부터는 팀의 경계도 없었다. '콩하택'이라는 새로운 팀명이 생겼을 정도로 훈택은 '콩과하'와 한 팀이 되고, 반대로 '콩과하'가 우리 팀원인 것처럼 일하기도 했다. 서로 일하는 모습에 자극 받고, 누가 되지 않도록 더 열심히 했다. 디자인 결과물보다, 팀워크가 더욱 강하게 남았다.

디자인 완성도에 있어 만족스러운 부분
이 무엇인지 물어보면 곧바로 대답이 떠
오르지 않는다. 그러나 동료가 얼마나 집
요하게 일했는지에 대해서는 하루 종일
이야기할 수 있다.

극장을 열고자 했을 때의 목표는 사람의
이야기가 쌓인 공간을 만드는 것이었다.
극장을 방문한 사람들, 영화를 고른 큐레
이터의 이야기를 쌓아가고 싶었다. 목표
를 세울 땐 몰랐는데, 돌아보니 공간을
만든 사람들의 이야기부터가 그 시작이
었다. 작은 공간 하나에도 얽힌 에피소드
가 수십 가지다. 영혼까지 끌어모아 만들
어 내보인 공간은, 일일이 설명하지 않아
도 사람들이 먼저 알아보았다.

　　극장 프로젝트를 시작하기 전까지
는 잃는 상황을 경계했다. 모두 소진되어
버리는 상황을 두려워했던 것 같기도 하
다. 체력도 잃고, 돈도 잃고, 사람도 잃어
버리면 어쩌나 조마조마했다. 그러나 극
장을 만든 후에는 오히려 반대의 상황을
경계한다. 아무것도 잃지 않는 상태로,
안전한 울타리에서 일하면 그 순간은 안
락하다. 하지만 결과 역시 아무런 감흥이
없다. 기꺼이 잃을 수 있는 상태로 자신
을 내던져야 함을 배웠다. 모두 잃는 것
이 디폴트 값이라고 생각하자 두려움이
사라졌다. 지금의 나는 무엇이든 잃어가

고 있는 상황이 닥치면, 상실감에 사로잡
히기보다 그로 인해 얻을 수 있는 것에
대해 생각하려고 애쓴다. 잃는 게 손해
같아 보여도 결국 삶 전체로 두고 보면
이득이라는 것을, 극장을 만들며 알게 되
었다.

5-5 PROJECT MASTER SCHEDUL

층별	구분		YEAR	06월						07월							08월				
			DATE																		
			DAY	27	30	3	6	9	12	15	18	21	24	27	31	3	6	9	12	15	18	21

공통가설공사
- 가설비계: 흡음판설치 / 지상1층~옥상층 시스템비계 설치
- 가설전기, 수도: 가설전기인입

골조공사
- 철근: 기초Level Check 및 철근 발주 / 지상1층 MAT철근배근 / 지상1층 벽체 및 지상2층 SLAB철근배근 / 지상2층 벽체 및 3층 SLAB 철근배근 / 지
- 거푸집: 먹물규준틀 설치(기초 터파기) / 버림위 바닥먹매김 및 기초 거푸집 설치 / 지상1층 바닥먹매김 / 벽체 및 2층 SLAB 거푸집 설치 / 지상2층 바닥먹매김 / 벽체 및 3층 SLAB 거푸집 설치 / H+
- CON'C타설: 버림CON'C타설 / 지상1층MAT CON'C타설 / 지상2층SLAB CON'C타설 / 지상3층SLA CON'C타설

건축공사 마 부
- 조적공사
- 방수공사
- 단열재

[공사명] 성수동 2가 301-63 증축 및 대수선 공사

DETAILED STATEMENT OF ESTIMATE

품 명	규 격	단위 수량		정 비		합 계		비 고
			액	단 가	금 액	단 가	금 액	
3. 철근콘크리트 공사								
〈구조용〉								
레미콘	레미콘, 서울, 25-18--							
레미콘	레미콘, 서울, 25-24-							
레미콘	레미콘, 서울, 25-24-							
무근콘크리트타설	무근, 8-12cm							
철근콘크리트타설	철근, 8-15cm,							
철근콘크리트용봉강(서울)								
철근콘크리트용봉강(서울)								
철근콘크리트용봉강(서울)								
철근콘크리트용봉강(서울)		TON						
철근콘크리트용봉강(서울)		TON						
철근 현장가공 및 조립(건축)	부속가공 및 포함	TON	22					
합판거푸집 설치 및 해체	1회, 슬라브,보,벽,기둥	M2	311					
합판거푸집 설치 및 해체	4회, 수직오 기타까지	M2						
합벽거푸집	합벽(지하외벽)	M2						
노출콘	미부노출콘(신재, 2회기준)	M2	626					
무로콘	온벽, 보수용, 기둥	M2	120					
집가제	(황동용)	M2	1,057					
〈마감용〉								
철근콘크리트용봉강	이형봉강(SD350/400), HD-10	TON	1					
레미콘	레미콘, 25-21-15	m³	6					
무근						600	10,000	
[합 계]								

수장공사

비 고
1) 우천시 공기지연 될수 있음.
2) 건축주 공사 분 중 사용승인에 필요한 부분 사용승인 접수 시점까지 완료되어야 함
3) 콘크리트 타설 시 경동빌라 주차장 부지 사용 여부에 따라 일정 변경될 수 있음

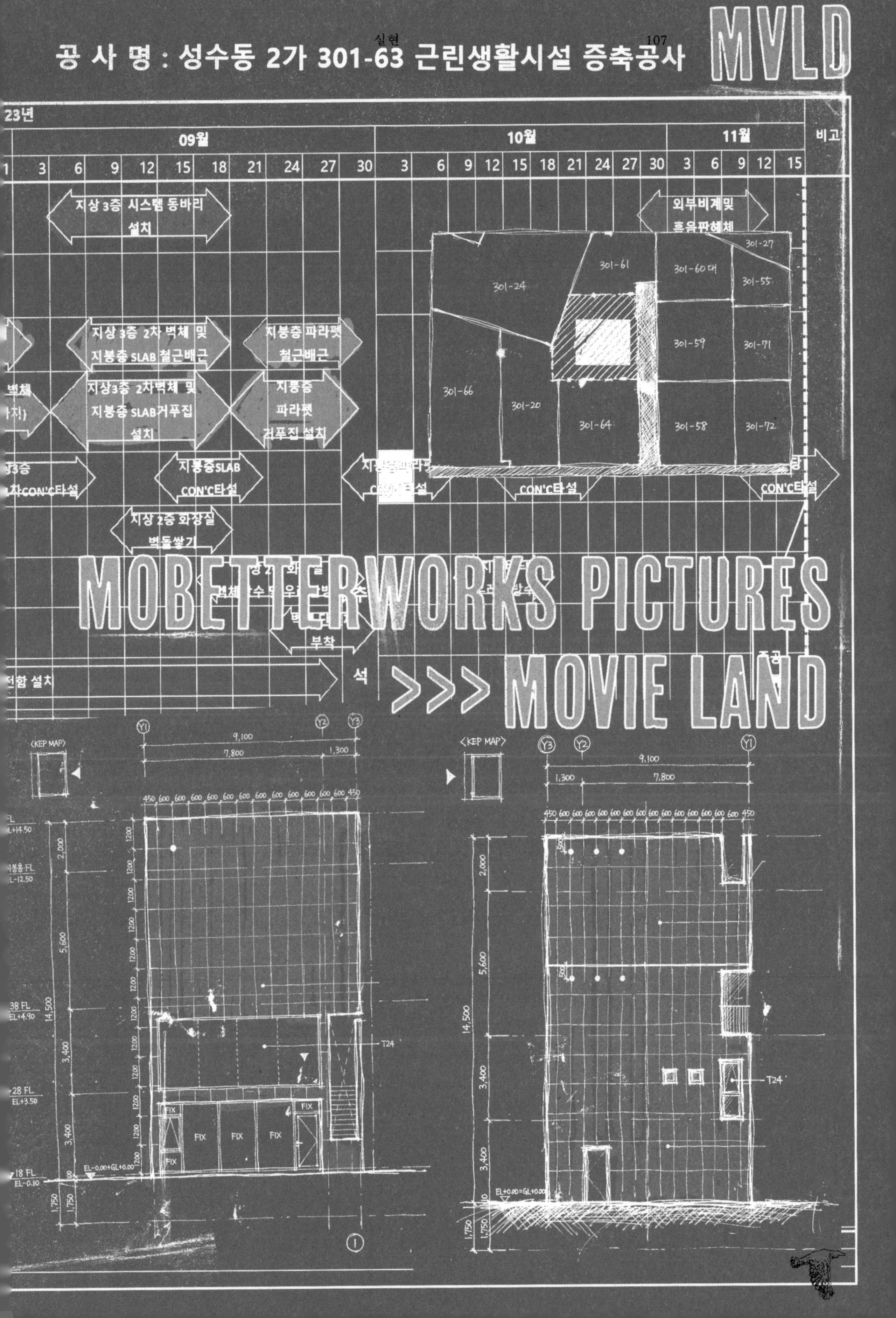

공 사 명 : 성수동 2가 301-63 근린생활시설 증축공사

23년																																비고
			09월										10월										11월									
1	3	6	9	12	15	18	21	24	27	30	3	6	9	12	15	18	21	24	27	30	3	6	9	12	15							

지상 3층 시스템 동바리 설치

지상 3층 2차 벽체 및 지붕층 SLAB 철근배근

지붕층 파라펫 철근배근

지상3층 2차벽체 및 지붕층 SLAB거푸집 설치

지붕층 파라펫 거푸집 설치

지붕층SLAB CON'C타설

지상 2층 화장실 벽돌쌓기

외부비계및 흡음판해체

301-24 301-61 301-60 대 301-27 301-55

301-66 301-20 301-59 301-71

301-64 301-58 301-72

MOBETTERWORKS PICTURES
>>> MOVIE LAND

〈KEP MAP〉 Y1 Y2 Y3   9,100   7,800   1,300

〈KEP MAP〉 Y3 Y2 Y1   1,300   7,800   9,100

FIX FIX FIX FIX

T24

EL-0.00+GL+0.00

EL+0.00=GL+0.20

MOVIE LAND SPACE ZONING

5-5 한일정리. (6/29) 건축사 미팅자료. (외적적 (약상/호흡부스)

① 단니트 정리. ② 추가 레퍼런스 (성수 이미지 추가 / 상영관 / 2층) ③ 효과적 경험플로우

① Intro	② 1층 (Public)	③ 2층 (PRIVATE)	④ 3층 (PRIVATE)	⑤ outro	⑥ 음다 여비
경험 외부룩옥 증점/입구	로비. 매뉴소. F&B. 테이블.	엠버십 라운지. 애거진 / 다큐 /	상영관	상영→로비 로비→밖 (출구)	
감정 store? 풀흐름 아키텝	낯선 기대. 선립. 패스(안 나가건 옳지)	누주 절목 와씨! (저림) 부러움 (본없던것들).	(엉! 이런곳기!) 장연되어추 / 치푭보고	우쭐대는 여튼 음골.	나도 하고싶어!
정서	희미한. 아스라한. 워크. 평탄 낯겪)	편안한. 아늑한. 아직't. 기간심리. 충만.	고전적. 현대 김숙하고. 쾌극건.	익숙한.	줄다빈되지
디자인 REF →앞으로 붙어나	덧댈도이 없기 때문에. 제거하면서 외적인 아층당을 가진 부분을 넘기는 방식으로				
필도 REF (어떤) 돌 견경	로록~중정까지 한 공간.	복층구조. 나우 빛. 케이메인	천고 30→ 여유롭게) 암녹	암녹	

INTRO → 1F → 2F → 3F

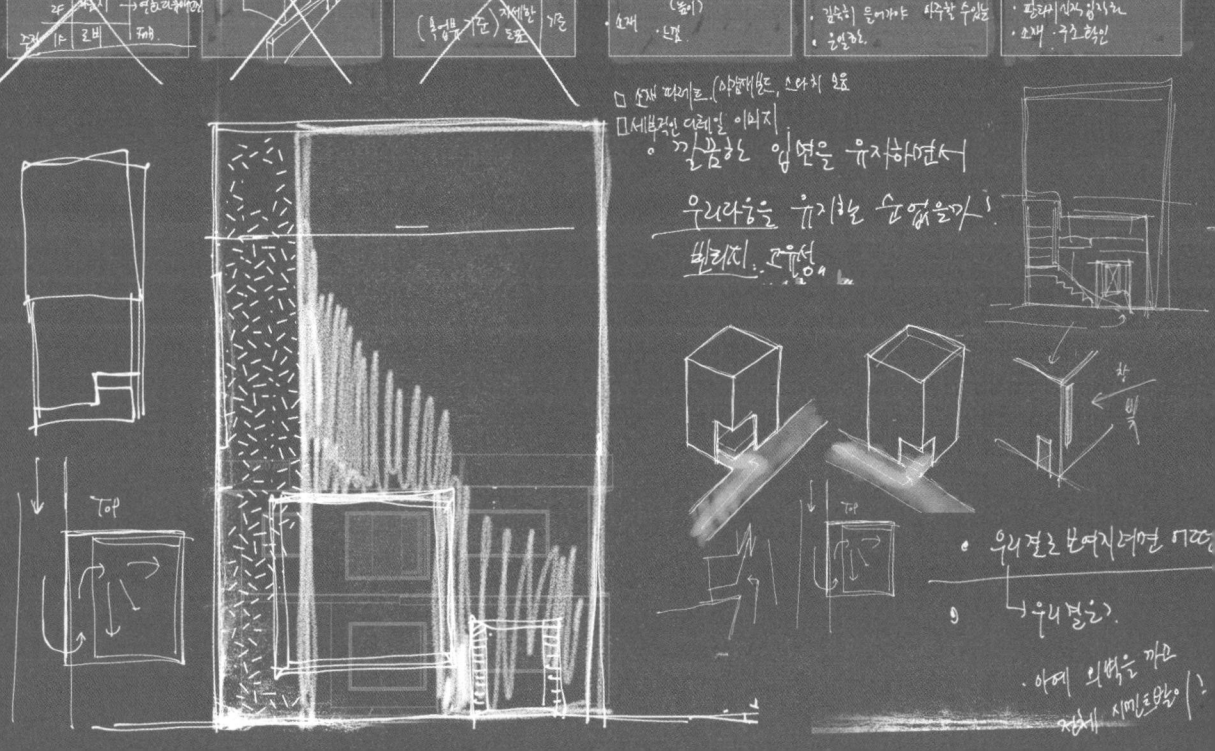

□ 소재 퍼레이트 (아멜배드, 스와치 오도
□ 세글걸 디테걸 이미지
• 깔끔하고 입면을 유지하면서
  우리라흐을 유지는 순 없을까?
  퀸리티. 주향성.

⑨ 리빌교육	② 입구 - 간만한 입구	③ 임무 들게러면 애둡소
• 쿠션진 - 낮고 답답한 - 뒷부분이로 물든 • 로록 • 암록릭 • 조명 (높이) • 소재 • 단형	• 낯은계단으로 - 로록이 아래자 느낌 • 벽 · 구흥같이 연계적-면 • 길속히 은머까야 이주한 주입도 • 흐름화.	• 열리 효과리 - 안내 팸플릿 • 수정 • 팡려시시스 김지쇼 • 소재 · 구조 학인

• 우리걸으로 보여지려면 이미지
  └ 우리 걸으.

• 아래 외복은 까고
  정체 시멘트망)

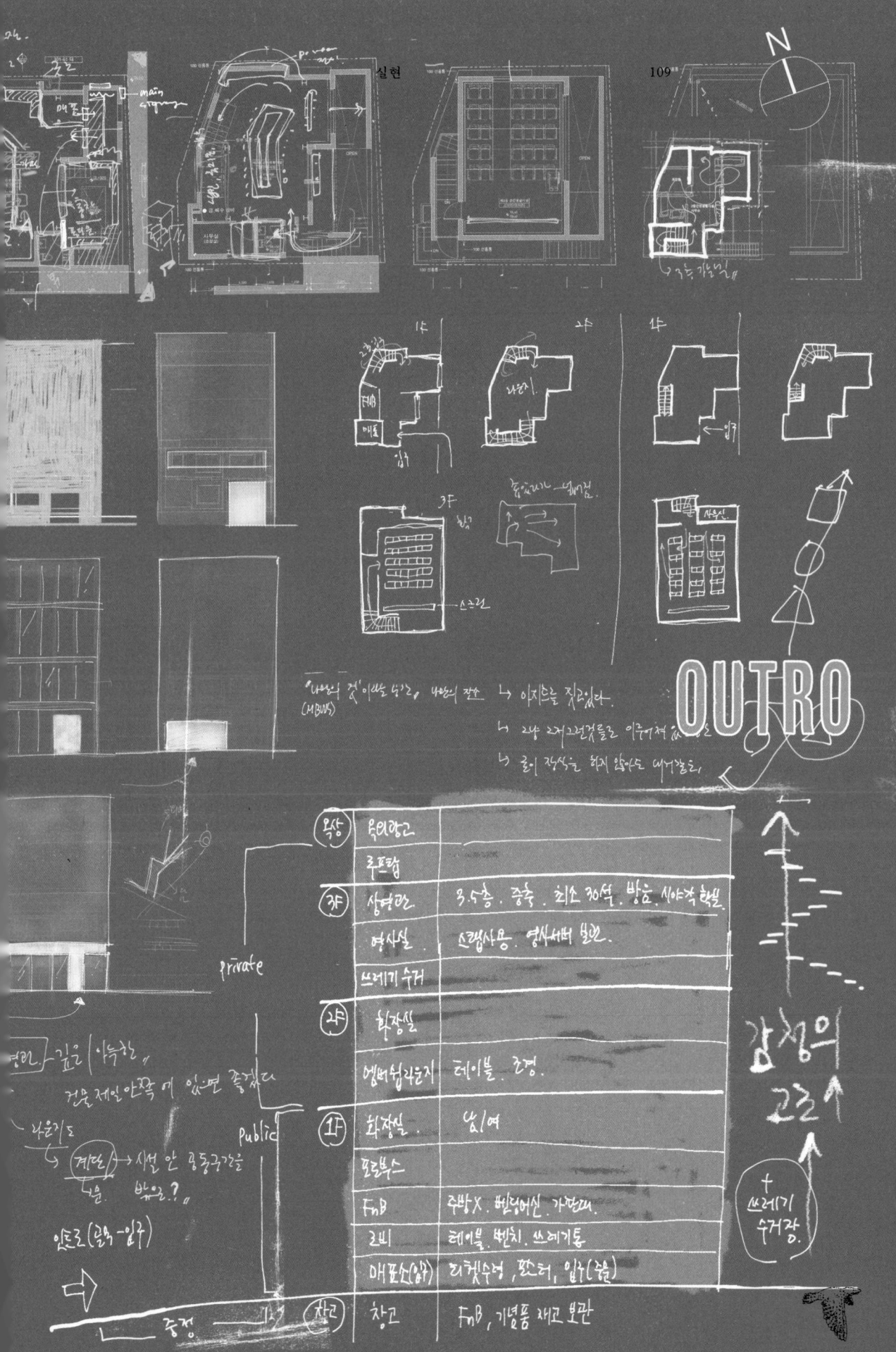

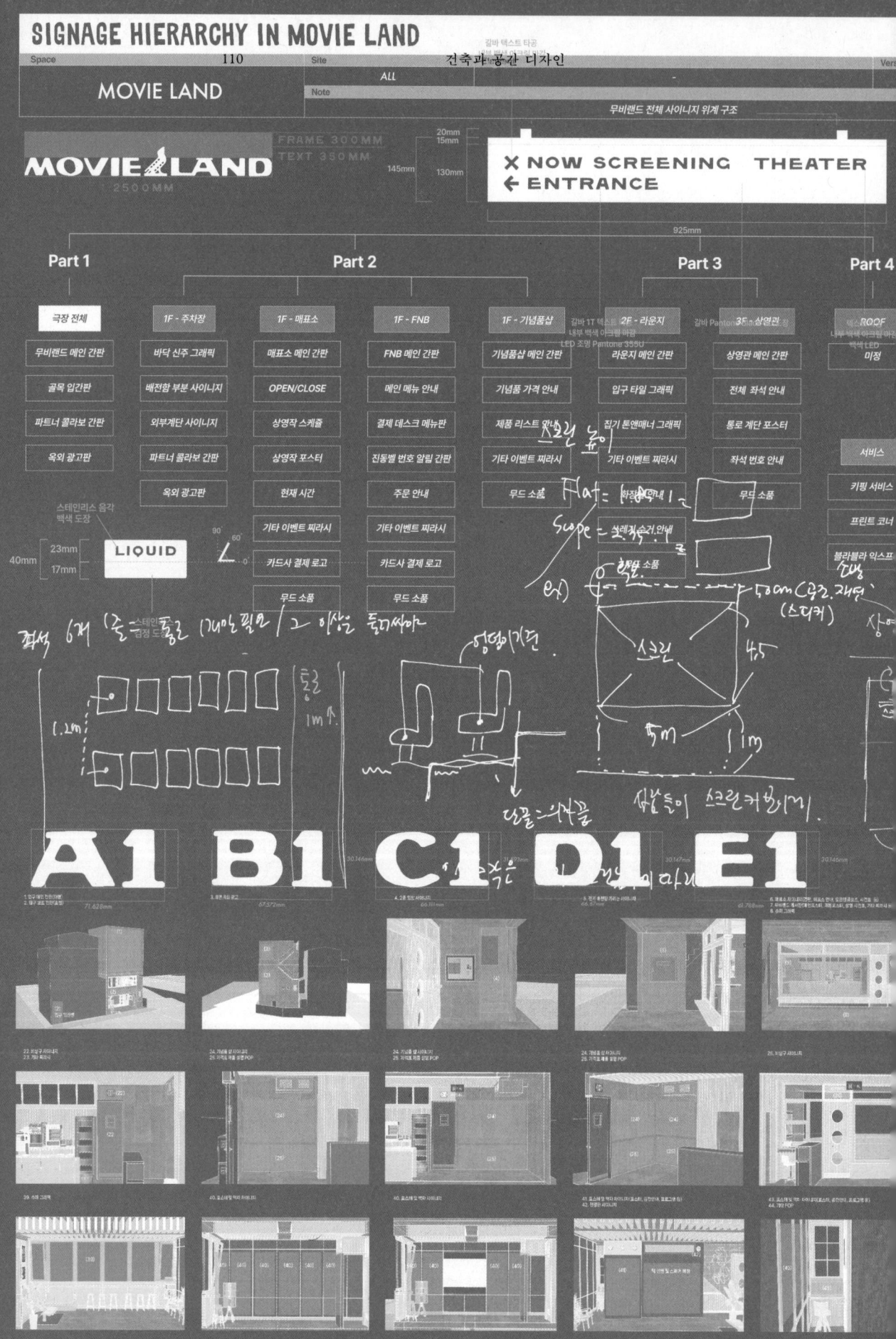

MOVIE LAND SIGNAGE
SPECIFICATION

OCT. 2023

10

HOT DOG

POPPED TO
PERFECTION

TO DO LIST

*10월 사이니지 1차 완료 목표-메인위주
1. 증별 사이니지 제작 방식
2. 사이니지 소재
3. 서체 운용
4. 그래픽 운용

◈ 외부
1. 메인 간판
2. 모조 석상
3. 신주

◈ 1F-TICKET
1. TICKET-간판
2. OPEN & CLOSED
3. 증별 안내 동선
4. 매표소 커튼
5. 신월 돌린 부분

◈ 1F-SNACK
1. SNACKS-간판
2. 수납장 시계
3. 집기 맵핑
4. 미니 메뉴판
5. 소재 오브제(앞치마)

◈ 1층-SOUVENIR
1. SOUVENIR-간판
2. PRINT CONNER
3. 기념품 가격표

◈ 2F-HALL
1. HALL-간판
2. TOILET
3. 타일 그래픽
4. 소파
5. 카펫
6. 액사
7. 두자 오브제

◈ 3F
1. THEATER-간판
2. 상영작 안내
3. 좌석 안내도
4. 카펫
5. 좌석 패턴
6. 좌석 번호
7. 커튼

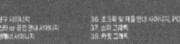

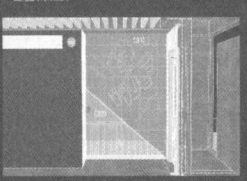

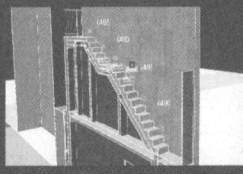

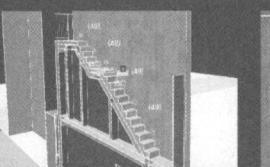

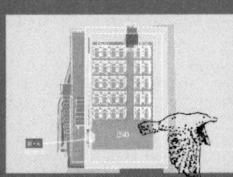

MOVIE LAND
MOBETTERWORKS PICTURES-후면

MOVIE LAND
MOBETTERWORKS PICTURES-우측45도

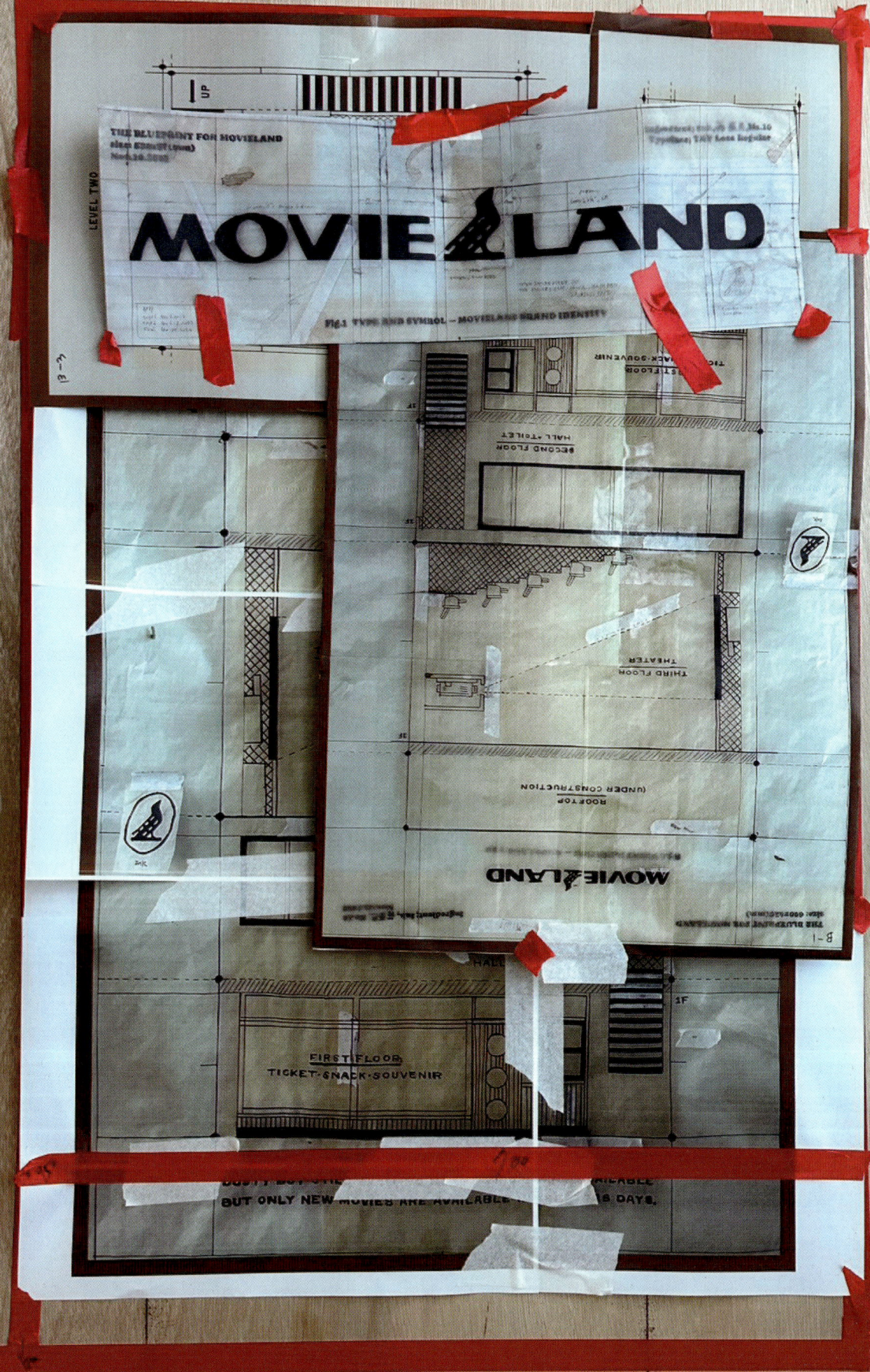

V

영화적 경험 기획

관람객에게 이름 붙이기

기획 초기부터 무비랜드의 최우선 과제는 공간을 방문하는 관람객들이 2만 원 이상의 가치를 느낄 수 있도록 만드는 일이었다. 한 편의 영화를 관람하는 것에서 그치지 않고, 관람객 스스로가 새로운 재미를 발견하도록 만드는 일련의 과정을 '영화적 경험 기획'이라고 칭했다. 이 기획이 제대로 작동할 때 무비랜드를 찾는 사람들이 그 가치를 느낄 수 있을 거라고 생각했다. 먼지 쌓인 보물이라는 뜻의 'Dusty Gems'는 이 맥락에서 떠올린 슬로건이다. 건즈 앤 로지즈(Guns N' Roses)의 노래 〈Dust and Bone〉에서 착안했다. 고고학자가 먼지 구덩이에서 유물을 발굴하듯, 먼지 쌓인 구작 속에서 새로운 보물을 발견하는 곳이 되고 싶다는 뜻을 담았다.

　　경험에 더욱 깊게 몰입하게 하는 장치로, 극장을 찾는 손님들 저마다의 페르소나가 있으면 재미있을 것 같았다. 모베러웍스를 운영하며 '모쨍이'라는 팬덤이 생겼고, 그들과 유대를 쌓으면서 생산자와 소비자 간의 관계가 중요한 지점임을 배웠다. 나아가 일에 대해 우리와 비슷한 가치관을 가진 사람들을 '프리워커'라고 지칭하며, 서로 느슨한 연대감과 소속감을 느끼기도 했다. 그 과정에서 브랜드를 완성하는 요소는 그 브랜드를 소비하는 사람들이라는 사실을 알게 됐다. 공간을 완성하는 요소 역시 공간을 찾는 사람들이다. 무비랜드를 찾는 손님들, 나아가 무비랜드를 만든 우리와 비슷한 정서를 가진 사람들에게 이름을 붙여보기로 했다.

손님들의 페르소나를 만드는 데에는 무비랜드의 문턱을 낮춰보려는 의도도 있었다. 크리에이티브 그룹 혹은 디자인 팀이 만든 소극장이라고 하면 자연스럽게 아트하우스 시네마, 부티크의 모습으로 인식될 것이라 예상했다. 그렇게 되면 자칫 공간을 방문하는 것이 조심스러워지지 않을까 우려됐다. 무비랜드는 문턱이 낮은 극장이었으면 했다. 영화의 작품성 혹은 예술성을 탐닉하는 것에만 치우치고 싶지 않았다. 우리는 때때로 영화보다 팝콘이 먹고 싶어 극장을 찾기도 하고, 전시장보다 기념품 숍에서 더 오래 머무는 사람들이었다. 무비랜드를 찾는 손님들도 우리와 같은 사람들이길 바랐고,

그런 사람들이 쉽고 편하게 방문할 수 있는 공간이길 원했다. 갤러리보다는
놀이동산과 같은 곳으로 만들고 싶었다.

　　표현에 있어서도 진지하고 싶지 않았다. 가볍고 웃음이 나는
이름이었으면 했다. 레슬러들의 별명 같은 느낌을 떠올렸다. 본래보다
세 보이려고 불도저(Bulldozer), 킬러(Killer), 머신(Machine) 같은 단어를
붙이듯이, 무비랜드 페르소나에도 비슷한 정서를 담고 싶었다. 이 공간에서는
실컷 스포일링을 하며 떠들어도 좋고, 스낵을 먹으러 와도 좋고, 시답잖은
기념품을 사러 와도 좋다는 뜻으로 '헤비 스포일러(Heavy Spoiler)',
'스낵 킬러(Snack Killer)', '트래시 컬렉터(Trash Collector)' 이렇게 세 가지
페르소나를 만들었다. "Welcome all heavy spoilers, snack killers, and trash
collectors." 무비랜드에서는 이들을 모두 환영한다는 의미의 인사말이다.
그리고 무비랜드를 즐기는 단골손님들을 통칭해 '무비랜드 마스터즈(Movie
Land Masters)'라고 이름 붙였다.

　　각 페르소나를 상징하는 그래픽 요소도 개발했다. 무비랜드 심벌보다
캐릭터성이 강할 경우 자칫 배보다 배꼽이 더 커 보이는 상황이 될 수도
있기 때문에, 각 페르소나의 특징을 담으면서도 도드라지지 않는 그래픽을
만들고자 했다. 하나의 고정된 페르소나 캐릭터를 만들기보다, 확장해서
사용할 수 있는 여지를 열어둔 일러스트레이션 스타일로 디자인을
풀어나갔다. 🖐

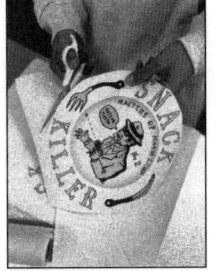

과몰입을 부르는 공간 경험 기획

무비랜드가 개관 후 얻은 수식어는 '핸드메이드 극장'이다. 영화적 경험을
위해 공간 곳곳에 손수 설치해둔 장치들의 의미를 방문객분들이 좋게
평가해주는 것이다. 공간 전체가 영화적 경험에 과몰입할 수 있는 곳이길
바랐다. 나아가 무비랜드의 관점으로 재해석된 작업들이 새로운 영감을 줄 수
있도록 만들고 싶었다. 그렇기에 상영작 아트워크는 그 첫인상을 좌우하는
중요한 작업이었다. 매달 상영작들을 무비랜드의 관점으로 재해석하고,

페르소나 그래픽 스케치

새로운 아트워크를 만들어 선보이기로 했다. 그리고 이 아트워크를 영화 티켓과 리플릿으로도 만들어 관람객이 갖고 돌아갈 수 있도록 했다. 손이 많이 가는 일이긴 하지만, 지금은 찾아보기 어려운 종이 티켓과 포스터 리플릿을 새로운 형태로 소장할 수 있어 사람들이 분명 좋아할 것이라고 생각했다.

소극장이라는 특성상 많은 회차를 배치할 수는 없지만, 대신 하루에 하나의 영화만 몇 차례 상영함으로써 그 영화에 더욱 집중할 수 있도록 설계했다. 2층 라운지에 설치된 스크린을 활용해 당일 상영작 예고편과 관련 영상을 영화 관람 전 대기하면서 볼 수 있도록 하고, 당일 상영작의 사운드트랙이 계속 흘러나오도록 했다. 그리고 그날의 상영작과 관련된 작은 소품들을 매번 바꾸어 배치하는 방식으로, 상영작에 맞게 공간을 변주하도록 했다.

영화를 고른 큐레이터의 생각을 엿볼 수 있는 소장품도 함께 전시한다. 고른 영화와 관련된 블루레이나 바이닐, 책을 비치하기도 하고, 각자의 직업과 관련된 도구, 영감을 준 물건 등을 비치한다. 물건 옆에는 짧은 소개글이 적힌 캡션을 두어 어떤 의미가 있는지 확인할 수 있게 한다. 영화를 기다리는 동안 손님들은 큐레이터의 관점을 살피기도 하고, 무비랜드가 고른 영화 관련 책이나 잡지를 읽는다. 티켓과 리플릿을 받고, 관련된 정보들을 훑어보는 이런 일련의 경험이 영화 관람 전 예열의 과정이 되어줄 것이라 생각했다.

영화 상영 전에 트는 에티켓 영상과 인트로 영상에도 무비랜드의 개성을 담아보았다. 본격적으로 영화에 몰입하기 직전 마주하는 영상이기 때문에 영화와 함께 잔상을 남기는 중요한 요인이 된다고 생각했다. 공간을 채우는 다른 요소들과 마찬가지로 에티켓 영상도 수작업으로 스톱모션 형식의 짧은 영상으로 만들었다. 무비랜드 마스터즈로서 지켜야 하는 룰에 대한 내용으로, '떨어진 팝콘을 줍지 않는다', '졸리면 졸음을 참지 않는다', '영화 관람 후 기념품 숍을 찾는다'와 같은 에티켓을 안내했다. 에티켓 영상에 이어서는 무비랜드의 심벌인 '필름모조'가 날아오는 형상을 담아 인트로

영상을 연출했다. 영상 속 새가 상영관 천장의 띠장에 둘러진 새의 형상과 이어지도록 해서, 마치 영사기에서 새가 날아와 스크린에 앉는 것 같은 효과를 주고 싶었다. 이 영상들을 통해 관람객들이 본격적으로 무비랜드 세계관에 입장하는 듯한 느낌을 받도록 했다.

디테일을 발견하는 기쁨은 공간을 즐기는 재미 중 하나기에, 영화와 관련된 작은 소품들을 배치할 때도 공간 곳곳에 숨기듯 놓고 발견의 기쁨을 느낄 수 있도록 했다. 매표소 한쪽에 영화 〈에브리씽 에브리웨어 올 앳 원스〉 속 돌멩이를 둔다거나, 개관작으로 〈빽 투 더 퓨쳐〉를 상영하며 '빽 투 더 퓨쳐' 한정판 레고를 놓는 식으로 말이다. 모티비 채널에서 무비랜드 제작기 영상을 본 사람들만 알아볼 수 있는 이스터 에그도 공간 곳곳에 숨겨두었다. 사무실에서 진행했던 '성공기원제'에서 나눠준 동전이 심겨 있는 바닥, 오자로 덧방의 흔적이 남은 휘장, 나와 모친의 오키나와 여행 기념품인 스팸 도자기 컵 등, 오랜 시간 무비랜드를 기다려준 분들이 공간과 소품들을 구경하며 그곳에 숨겨진 갖가지 이야기들을 발견하길 바랐다. 🖐

무비랜드 이스터 에그

운영을 하는 과정에서 새로 생겨나 자리 잡힌 기획도 있다. 배우 박정민이 큐레이터였을 당시부터 시작된 기획으로, 영화 상영 전후로 영화를 모티브로 한 작은 이벤트를 벌인 것이다. 당시 상영 중이었던 〈나우 유 씨 미〉가 마술이 주제인 영화라, 재미 삼아 마술 키트를 구매해 관람객들에게 작은 마술을 선보였다. 영화를 보러 온 사람들이 재미있어 하는 것을 확인하고 다른 영화에도 적용해보기 시작했다. 〈매트릭스〉 상영 때는 파란 사탕과 빨간 사탕을 준비해 영화를 보고 나오는 분들에게 사탕 두 개를 고르게 한 후 하나를 선물로 드렸다. 수학 천재 〈굿 윌 헌팅〉 상영일에는 간단한 수학 문제 풀이 테스트지를 나눠드리기도 했다.

상영 전후 스텝들의 멘트도 점차 진화했다. 상영 전, 스텝은 항상 손님들에게 상영관 온도를 묻고, 쓰레기는 자리에 두고 가셔도 된다는 안내 멘트를 하게 되어 있는데, 〈배트맨〉 상영 전에는 배트맨 가면을 쓰고 멘트를 하기도 하고, 〈블랙 스완〉 상영 후에는 퇴장하는 손님들에게 영화의 마지막

대사 "나는 완벽했어"를 응용해 "완벽한 하루 되세요"라고 인사를 건네기도
했다. 〈듄〉 시리즈 상영일에는 츄러스 시나몬 가루를 스파이스처럼 연출해
두기도 하고, 스텝들이 영화 속 프레멘족처럼 코에 호스를 착용하고 있기도
했다. 영화에 나오는 '사막 걸음 걷는 법'을 인쇄한 리플릿을 티켓과 함께
나눠주기도 했는데, 둔 세계관을 사랑하는 사람들은 영화에 더 깊게 몰입하며
즐기고 돌아갔다. 👈

경험의 정점은 기념품으로부터

무비랜드에서 누릴 수 있는 영화적 경험의 정점은 기념품에 있다고 생각했다.
물성을 가진 제품은 그날을 더 선명히 기억하게 만들어주기 때문이다.
극장 방문객들이 손수 만들어갈 수 있는 실크스크린 프린트 서비스는
그런 맥락에서 나온 아이디어다. 티셔츠에 원하는 그래픽을 손님들이 직접
인쇄하고, 영화를 관람한 후 포장된 티셔츠를 받아가도록 했다. 제품을 만드는
체험을 하는 동안 자연스럽게 무비랜드 스텝들과 영화에 대해 이야기 나누며,
더 좋은 추억을 만들 수 있을 거라 기대했다.

둔 상영일

　　사실 한 장 한 장 찍고, 말리고, 포장하는 과정에 스텝의 공력이 많이
들기도 하고 실크스크린 프린트 장비가 자리도 꽤 차지해서, 실크스크린
프린트 서비스 공간을 만들 것인지, 그 대신 제품을 신열할 수 있는 매대를
하나라도 더 둘 것인지를 두고 고민하긴 했다. 그러나 효율보다는 경험의
깊이에 무게를 두고 실크스크린 프린트 서비스를 무비랜드 기념품 숍의
중심에 두었다.

영화에서 모티브를 딴 기념품들도 만들어보았다. 영화 〈시네마 천국〉의 대사
"Life isn't like in the movies"를 담은 컵, 감독판을 뜻하는 'Director's Cut'을
비틀어 만든 'Director's Cup', 팝콘과 콜라가 쏟아지는 모습을 형상화한
안경닦이 등, 기념품을 통해 무비랜드를 찾는 사람들이 영화와 극장의
여운을 더욱 길게 느끼길 바랐다. 그리고 디즈니랜드를 방문했을 때 가장

좋았던 경험으로 남은 'First Visit' 첫 방문 배지도 무비랜드식으로 디자인해 제작해보았다. 생일에는 히든 배지로 'Happy Birthday'도 나눠드리고, 1주년 같은 주요한 이벤트가 있을 때마다 한정판 배지를 제작해 방문객들이 수집하는 재미가 있게 했다. 해를 거듭할수록 각종 배지가 늘어나면서 그 자체로 무비랜드의 아카이브가 되는 모습이 그려졌다.

　　공간을 채울 때처럼 기념품에도 발견의 재미를 느낄 수 있도록 작은 요소들을 숨겨두었다. 티셔츠의 넥 라벨에는 극장 에티켓을 적어두기도 하고, 케어 라벨에는 콜라 쿠폰을 붙여두어 잘라 쓸 수 있도록 했다. 이런 작은 위트 포인트가 공간의 분위기를 편안하게 만들어주는 장치가 될 수 있을 거라 생각했다. ✍

티셔츠 라벨 콜라 쿠폰

제품 제작은 항상 어렵다. 재미있는 아이디어가 있어도 제작 자체가 어렵거나, 제작을 위한 최소 수량이 감당할 수 없을 만큼 많거나, 단가가 터무니없이 비싸 만들지 못하기도 한다. 최소 수량과 단가, 디자인이 모두 만족스러워도 실제 제작 단계에서 기대한 만큼 품질이 나오지 않는 경우도 많다. 실제로 해외 업체에서 제품을 수백 개 제작했는데, 절반 이상이 불량품으로 나와 폐기한 적도 있다. 그럼에도 기념품은 좋은 경험의 증표와 같은 역할을 하기에, 무비랜드에서 소비한 기념품들이 시간이 지나도 꺼내볼 수 있는 물건이 되었으면 하는 마음으로 제품을 만든다.

잡지처럼 발행하는 콘텐츠

무비랜드는 단순히 영화를 상영하는 상업 공간이라기보다는 매달 한 권의 잡지를 펴내는 미디어·콘텐츠 기업에 더 가깝다고 생각한다. 영화 그 자체보다 영화를 고르는 사람과 그 사람의 관점, 거기에 무비랜드의 관점이 더해져 무비랜드의 정체성을 만든다고 생각한다. 그렇기에 무비랜드라는 실물 공간을 디자인하고 실체화하는 것만큼, 무형의 콘텐츠를 제작하는 것 역시 중요했다.

유튜브 채널 모티비에 우선 무비랜드 제작 과정부터 꾸준히 업로드했다. 그러나 영상의 호흡이 짧았던 모베러웍스 브랜드 제작기 콘텐츠에 비해 무비랜드 제작기는 지연되는 일정만큼이나 호흡도 늘어졌고, 반복되는 패턴이 시청자층을 이탈하게 만드는 요인이 됐다. 무비랜드 오픈 후에도 지속적으로 제작할 수 있는 콘텐츠에 대한 새로운 아이디어가 필요했다.

일단 매달 바뀌는 큐레이터의 이야기에 집중해보기로 했다. 평소에 어떤 생각을 갖고 사는지, 작업하는 데 영향 받는 것들은 무엇인지 묻고 싶었다. 큐레이터가 고른 영화로 대화를 시작하면서 그 사람의 면면을 자연스럽게 끌어낼 수 있을 거라 생각했고, 그렇게 '무비랜드 라디오'라는 이름의 인터뷰 콘텐츠를 기획하게 되었다. 채널의 기존 영상이 10분 내외였다면, 이번에는 긴 호흡의 대화를 기록해보고자 팟캐스트 형식을 선택했다. 풀 버전의 영상을 유튜브 채널에 업로드하고, 이를 1분 내외의 숏폼으로 가공해 유튜브와 인스타그램 채널에 동시 업로드하는 방식을 테스트했다.

롱폼 영상의 경우, 사람들이 업로드하자마자 즉시 확인한다기보다는 출퇴근길처럼 이동하거나 일할 때 라디오처럼 틀어놓고 시청했다. 라디오라는 애초의 기획에 걸맞는 방향이었지만, 아무래도 집중도가 떨어지다 보니 숏폼 영상에 비해 조회수가 현저히 낮았다. 콘텐츠의 흥미가 영화 예매율까지 연결되리라 가정했지만 결과적으로 콘텐츠가 예매율을 높이는 구조를 만들지 못했고, 큐레이터의 이야기와 영화 이야기가 뒤섞여 콘텐츠의 개성도 선명하지 않았다. 유튜브와 팟캐스트 채널에 올리는 롱폼 영상에 비해 인스타그램 채널에 올리는 숏폼 영상은 노출수나 조회수 측면에서 효율이 좋았다. 현재 내부적으로 영상 콘텐츠를 개편하기 위해 새로운 방향을 구상하고 있다.

콘텐츠에 관해서는 다큐멘터리 형식의 제작기, 팟캐스트 형식의 라디오, 짧지만 강력한 영감을 주는 숏폼 등 다양한 방식을 테스트해보면서 시행착오를 겪었다. 시기에 따라 콘텐츠 발행의 목적이 달라졌는데, 모베러웍스 초기에는 '기록'이 주요했다. 우리 팀이 경험하는 일을 기록하고 그에 공감하는 사람들과 관계를 맺기 위함이었다. 보는 사람을

위한 콘텐츠라기보다 우리 스스로를 위한 작업이었던 것 같다. 무비랜드를
운영하고 있는 지금은 사람들이 새로운 관점을 '발견'할 수 있도록 만드는
것이 주 목적이다. 사람들이 가치 있는 정보라고 느낄 때, 콘텐츠 발행을
지속하는 의미가 생긴다고 생각하기 때문이다. 잡지를 펴내는 것처럼
콘텐츠를 만들고자 하는 것도 같은 이유다. 무비랜드를 한 권의 잡지로
바라본다면, 큐레이터와의 인터뷰뿐만 아니라 다양한 콘텐츠를 구성해볼 수
있다. 상영작 비하인드 스토리나, 영화 속 로케이션 혹은 촬영 기법,
소품이나 의상과 같은 미술 이야기 등 뻗어나갈 수 있는 소재들이 많다.
다양한 소재들을 조사한 뒤 우리 관점을 덧입혀 소개하고 싶다.

영화적 경험의 확장

영화적 경험 기획을 시작한 것은 우리였지만, 사실 그것을 확장하는
주체는 우리가 아니었다. 우리가 만들어놓은 틀에 다양한 사람들의 생각이
덧입혀졌다. 영화의 감상평을 기록으로 남기는 '헤비 스포일러 카드'는
단골손님의 피드백으로부터 나온 프로그램이다. 무비랜드에서 설계한
영화적 경험이 좋았지만, 관람자의 개별적인 경험과의 접점이 있으면 더욱
좋을 것 같다는 의견이었다. "영화를 보고 곧장 집으로 돌아가는 게 아쉽다.
감상평을 남길 수 있는 공간이 있으면 좋겠다"는 제안에 공감했고, 곧장
무비랜드 페르소나에서 이름을 딴 '헤비 스포일러 카드'를 구상했다. 공간
곳곳에 감상평을 남길 수 있는 카드를 비치하고, 이를 모아둔 아카이브
북도 함께 놓아두었다. 아날로그 버전의 왓챠피디아처럼, 다양한 사람들의
감상평이 영화적 경험을 더욱 풍성하게 만들었다. 돌이켜보니 이런 모습은
무비랜드를 구상할 당시 상상했던 도서관의 이미지와도 맞닿아 있다.
도서 대출 카드에 기록된 이름들처럼, 영화별로 리뷰가 차곡차곡 쌓이고
있다. 방문객들은 다른 사람들이 남긴 이야기를 읽고 해석을 덧붙여 저마다의
경험을 만들어갈 것이다. 🖜

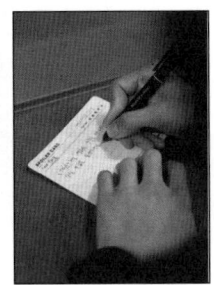

헤비 스포일러 카드

손님들의 피드백 덕분에 제작된 기념품도 있다. 티켓과 리플릿을 모을 수
있는 아카이브 북은 개관 당시부터 만들고 싶었던 품목이었는데, 수요가 없을
것 같아 포기했던 아이템이었다. 1년 정도의 시간이 흐르자 티켓과 리플릿이
수집할 수 있을 정도로 쌓였고, 이에 무비랜드 1주년을 기념하며 출시했다.
현재는 꾸준히 판매되는 스테디셀러 중 하나다.

　　기념품 중 '필름 플레잉 카드(Film Playing Card)'는 한솔제지라는
좋은 파트너를 만나 특별한 기념품을 만들게 된 경우다. 한솔제지의 지원으로
영화를 모티브로 한 트럼프 카드와 퍼즐을 만들었는데, 트럼프 카드는
영화 퀴즈 카드로도 쓸 수 있게 디자인하고, 종이로 게임 칩을 제작해
'필름 플레잉 카드'라는 이름으로 출시 일주일 만에 전량을 판매하기도 했다.
반응에 힘입어 1,000피스짜리 직소 퍼즐 팩 출시도 준비하고 있다.

무비랜드를 찾아온 파트너 덕분에 신선한 영화적 경험이 만들어지기도
한다. 월간 《디자인》은 한국의 대표적인 디자인 잡지로, 창간 50주년을 맞아
무비랜드를 객원 편집장으로 초대했다. 영화의 시각을 만드는 사람들을
주제로 2026년 2월호를 꾸렸고, 특별 상영회와 전시를 준비했다.
미술 감독 류성희, 비주얼 아티스트 연여인, 그래픽 디자이너 맛깔손,
VFX 스튜디오 자이언드스텝을 인터뷰하고 그들이 고른 영화를 상영하는
동시에 무비 토크 GV를 진행했다. 상영회 기간 동안 월간 《디자인》
과월호를 전시해 시각 분야에서 일하는 사람들에게 볼거리를 제공하기도
했다. 현재는 사라진 종이 영화 티켓을 8팀의 디자이너가 재해석해
만든 후 전시도 했다. 영화를 시각적인 관점에서 다채롭게 바라볼 수
있는 행사였다.

좋은 기획은 진화한다. 처음의 기획에서 머물러 있지 않고, 다양한 사람들의
생각이 더해져 더 나은 기획으로 변모한다. 극장 운영 초기에는 내 기획이
제대로 작동하는지 확인하는 데만 급급했다면, 시간이 흐를수록 사람들이
원하는 것에 기획의 실마리가 있다는 사실을 알게 되었다. 그렇기에 우리를
찾는 사람들의 이야기가 더욱 소중하다. 그것을 잘 담아내어 경험을 확장하는

것만이 살 길이라는 생각도 든다. 다채로운 리뷰와 함께 영화 한 편이
더욱 풍성해지듯, 무비랜드도 많은 사람들의 이야기를 품을 수 있는 공간이
되면 좋겠다.

비전문가로서의
실험

극장을 만드는 초기에는 비전문가로서 갖게 되는 두려운 마음이 컸다. 상영관에 대한 전문 지식도 부족하고, 고스펙의 장비를 들일 수 있는 예산도 부족했다. 으리으리한 시설을 갖춘 영화관을 보면 괜히 주눅 들기도 했던 것 같다. 분야에 대한 무지함을 큰 약점으로 여겼다. 하지만 어느 순간부터는 이 업계에서 전문가가 된다는 건 불가능하다는 것을 깨달았다. 그리고 전문성으로 승부하기 시작하면 결국에는 질 수밖에 없다는 현실을 받아들였다. 그다음부터는 오히려 비전문가이자 초심자이기 때문에 던질 수 있는 질문들에 집중했다. 지식인의 함정이라는 말처럼, 전문가의 입장에서 발견하지 못하는 맹점이 있을 거라 생각했다. 그 지점을 공략해야만 승산이 있을 것 같았다.

영화적 경험을 목표로 하는 기획에 집중한 것도 그런 이유 때문이다. 어쩌면 영화 외적의 부수적인 경험이라고 여길 수도 있는 부분이지만, 기존 시장의 플레이어들이 놓치고 있던 지점이라는 생각이 들었다. 대규모의 멀티플렉스에서 티켓과 간식 구매까지 키오스크 판매로 돌리는 요즘, 매표소에서 섬원이 식섭 종이 티켓에 마킹을 하고 공간을 안내해드리는 접객 방식은 효율을 추구하는 전문가라면 하지 않았을 기획이다.

무비랜드에서는 영화 시작 전 스텝이 직접 마이크 방송으로 간략하게 영화를 소개하고, 입장 안내를 드린다. 러닝타임이 긴 영화는 미리 화장실을 다녀오라는 멘트도 잊지 않는다. 시간과 공을 들여 접객 멘트를 짜고, 소품을 손수 만드는 일도 마찬가지다. 전문 플레이어들이 사람을 대체할 방법을 찾을 때, 우리

는 역으로 사람이 있어야만 줄 수 있는
경험들에 집중했다.

'영화적 경험이 통할까?' 기획을 하
며 자문했다. 집에서 너무나 쾌적하게 영
화를 볼 수 있게 된 시대, 우리가 만드는
영화적 경험이 영화관에 갈 새로운 이유
가 되어줄 수 있을지에 대해 많이 고민하
고, 의심했다. 만 2년을 운영한 지금, 사
람들은 가치 있는 경험에 기꺼이 시간과
돈을 쓴다는 사실을 몸으로 확인했다. 무
비랜드라는 작은 공간에 다양한 사람들
이 오갔고, 크고 작은 이벤트들이 열렸
다. 작은 경험은 또 다른 경험으로 번져
나갔고, 새로운 가능성들을 열어줬다.

'영화적 경험이 어디까지 확장될 수
있을까?' 현시점에서 자주 던지는 질문
이다. 극장에서 할 수 있는 일의 경계를
허물고 여러 가지 일을 벌여보고 싶다.
영화를 보는 행위는 누군가의 세계를 바
꾸는 일이 되기도 한다. 약 두 시간 동안
의 몰입, 그것이 가진 힘은 생각보다 크
다. 그리고 그런 체험을 가능하게 만드는
장소가 극장이다. 우리가 만드는 공간에
서 누군가의 일상이 조금이나마 풍요롭
게 채워진다면, 그때 비로소 비전문가로
서의 실험은 성공이라고 이야기할 수 있
을 것 같다. 🐦

별
첨

무비랜드 아트워크
아카이브

포스터를 사용해야 하는

상영작들의 아트워크를

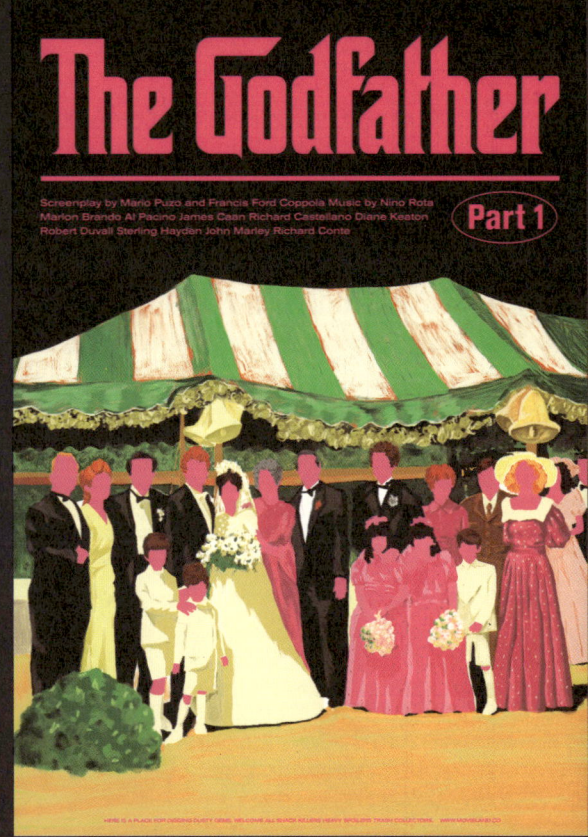

〈대부 1〉, 큐레이터: 모춘(극장주), 디자인: 모춘, 2024년 3월

〈대부 2〉, 큐레이터: 모춘(극장주), 디자인: 모춘, 2024년 3월

〈백 투 더 퓨처 1〉, 큐레이터: 모춘(극장주), 디자인: 모춘, 2024년 3월

〈백 투 더 퓨처 2〉, 큐레이터: 모춘(극장주), 디자인: 모춘, 2024년 3월

〈대취협〉, 큐레이터: 모춘(극장주), 디자인: 모춘, 2024년 3월

〈행오버〉, 큐레이터: 문상훈(코미디언), 디자인: 모춘, 2024년 4월

외로운 건 그냥 외로운 거예요...
사랑이 아니에요. 지금보다 훨씬
더 젊었을 때... 저는 사랑은
몰라서 못했지만... 저는 제가
좋아하는 일이 저를 꽉 채워줄거라고
믿었어요. 근데 잘못 생각했어요.
채워도 채워도 그런걸로는 갈증이
가시지가 않더라고요. 목이말라서
꾸는 꿈은 행복이 아니에요. ...저요,
사는 게 뭔지 진짜 궁금해졌
어요. 그 안에 영화도 있어요.
그래도 전... 크리스토퍼 놀란 영화
좋아해요. 찬실이는 복도 많지
2024년 4월 무비랜드에서

〈찬실이는 복도 많지〉, 큐레이터: 문상훈(코미디언), 디자인: 모춘, 2024년 4월

〈반칙왕〉, 큐레이터: 문상훈(코미디언), 디자인: 모춘, 2024년 4월

〈소림축구〉, 큐레이터: 문상훈(코미디언), 디자인: 모춘, 2024년 4월

〈화양연화〉, 큐레이터: 신우석(돌고래유괴단 감독), 디자인: 헤린, 2024년 5월

〈히트〉, 큐레이터: 신우석(돌고래유괴단 감독), 디자인: 모춘, 2024년 5월

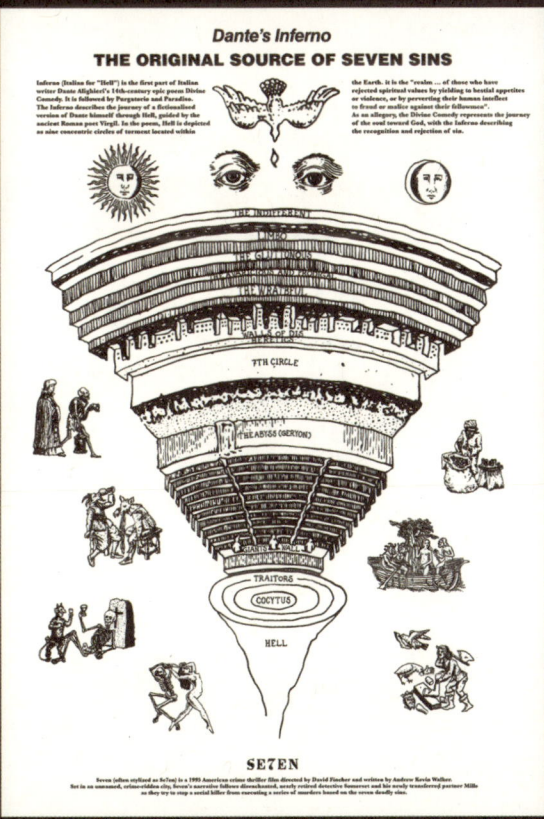

〈세븐〉, 큐레이터: 신우석(돌고래유괴단 감독), 디자인: 모춘, 2024년 5월

〈택시 드라이버〉, 큐레이터: 신우석(돌고래유괴단 감독), 디자인: 헤린, 2024년 5월

⟨팬텀 스레드⟩, 큐레이터: 신신(디자이너 듀오), 디자인: 모춘, 2024년 6월

⟨파벨만스⟩, 큐레이터: 신신(디자이너 듀오), 디자인: 훈택, 2024년 6월

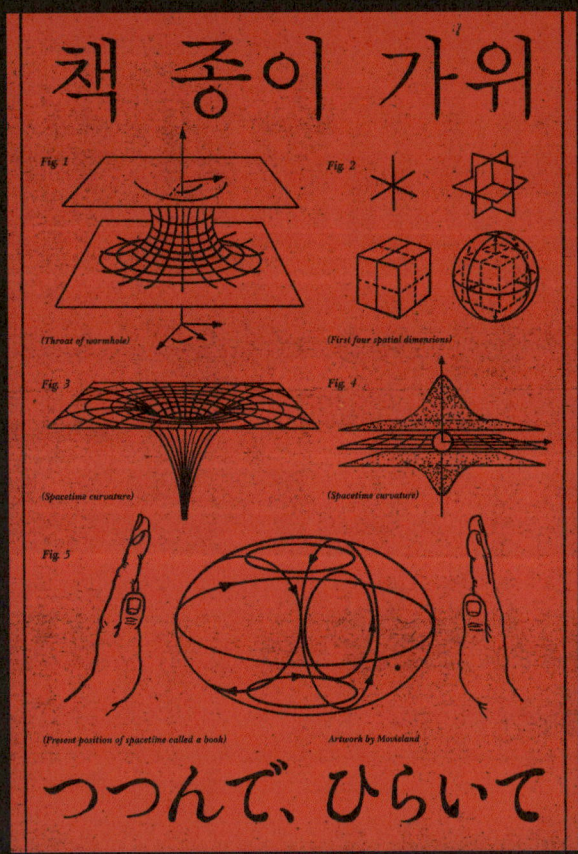

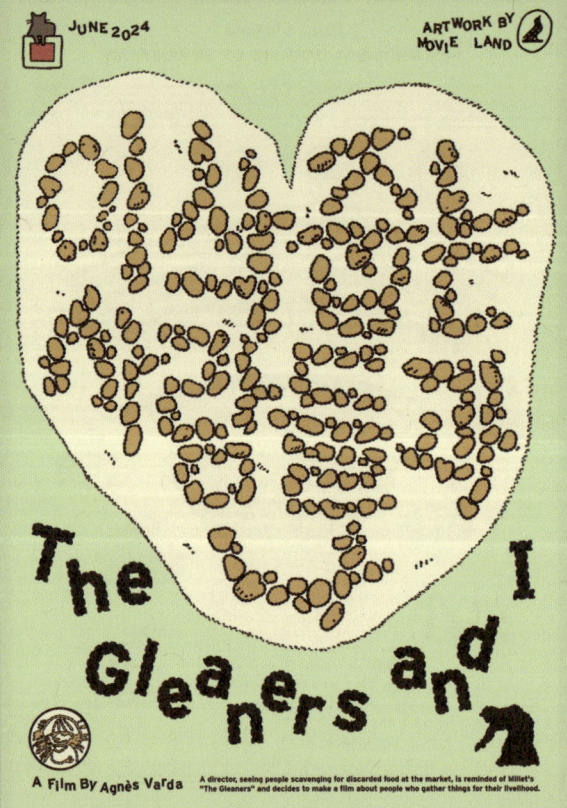

⟨책-종이-가위⟩, 큐레이터: 신신(디자이너 듀오), 디자인: 모춘, 2024년 6월

⟨이삭줍는 사람들과 나⟩, 큐레이터: 신신(디자이너 듀오), 디자인: 혜린, 2024년 6월

〈나우 유 씨 미〉, 큐레이터: 박정민(배우), 디자인: 모춘, 2024년 7월

〈베이비 드라이버〉, 큐레이터: 박정민(배우), 디자인: 모춘, 2024년 7월

〈스내치〉, 큐레이터: 박정민(배우), 디자인: 모춘, 2024년 7월

〈아는 여자〉, 큐레이터: 박정민(배우), 디자인: 모춘, 2024년 7월

〈도쿄 소나타〉, 큐레이터: 김오키(음악업자), 디자인: 혜린, 2024년 8월

〈무드 인디고〉, 큐레이터: 김오키(음악업자), 디자인: 모춘, 2024년 8월

〈레옹〉, 큐레이터: 김오키(음악업자), 디자인: 모춘, 2024년 8월

〈지구를 지켜라!〉, 큐레이터: 김오키(음악업자), 디자인: 혜린, 2024년 8월

〈기쿠지로의 여름〉, 큐레이터: 마영신(만화가), 디자인: 혜린, 2024년 9월

〈8 마일〉, 큐레이터: 마영신(만화가), 디자인: 혜린, 2024년 9월

〈노인을 위한 나라는 없다〉, 큐레이터: 마영신(만화가), 디자인: 모춘, 2024년 9월

〈자전거 탄 소년〉, 큐레이터: 마영신(만화가), 디자인: 모춘, 2024년 9월

Poster 1

THIRST
(박쥐)
HYSTERIC ANGEL
VENUS

Hysteric
ANGEL

〈박쥐〉, 큐레이터: 비너스, 디자인: 훈택, 2024년 10월

Poster 2

JOSEE, THE TIGER AND THE FISH
LONELY WOLF
(조제, 호랑이 그리고 물고기들)
VENUS

LONELY WOLF

〈조제, 호랑이 그리고 물고기들〉, 큐레이터: 비너스, 디자인: 훈택, 2024년 10월

Poster 3

AMOUR
HEART BREAKER
(아무르)
VENUS

HEART

BREAKER

〈아무르〉, 큐레이터: 비너스, 디자인: 훈택, 2024년 10월

Poster 4

MOONRISE KINGDOM
ROMANTIC BULLDOZER
(문라이즈 킹덤)
VENUS

ROMANTIC BULLDOZER

Venus 70th   Movie Land

R-B

〈문라이즈 킹덤〉, 큐레이터: 비너스, 디자인: 훈택, 2024년 10월

〈라라랜드〉, 큐레이터: 이제훈(배우), 디자인: 혜린, 2024년 11월

〈다크나이트〉, 큐레이터: 이제훈(배우), 디자인: 혜린, 2024년 11월

〈초록물고기〉, 큐레이터: 이제훈(배우), 디자인: 모춘, 2024년 11월

〈크리스마스의 악몽〉, 큐레이터: 무비랜드(극장), 디자인: 훈택,
2024년 12월

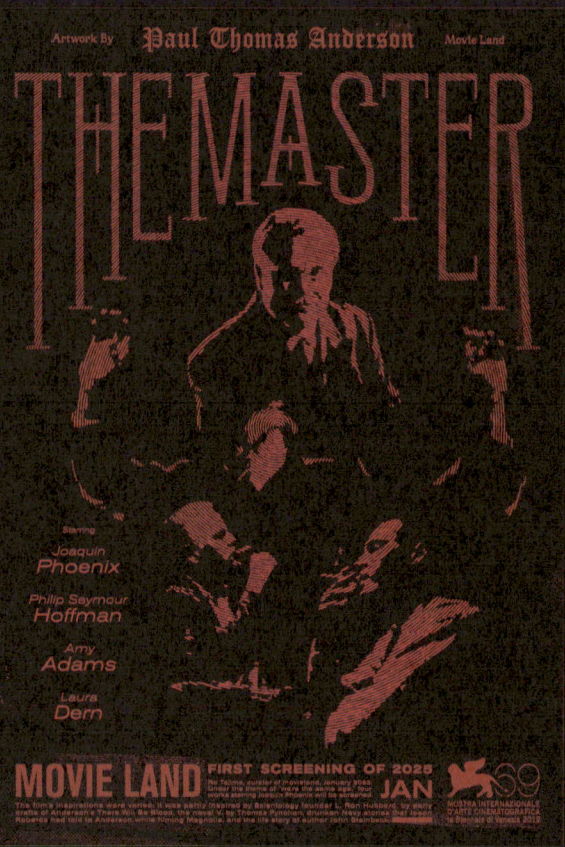

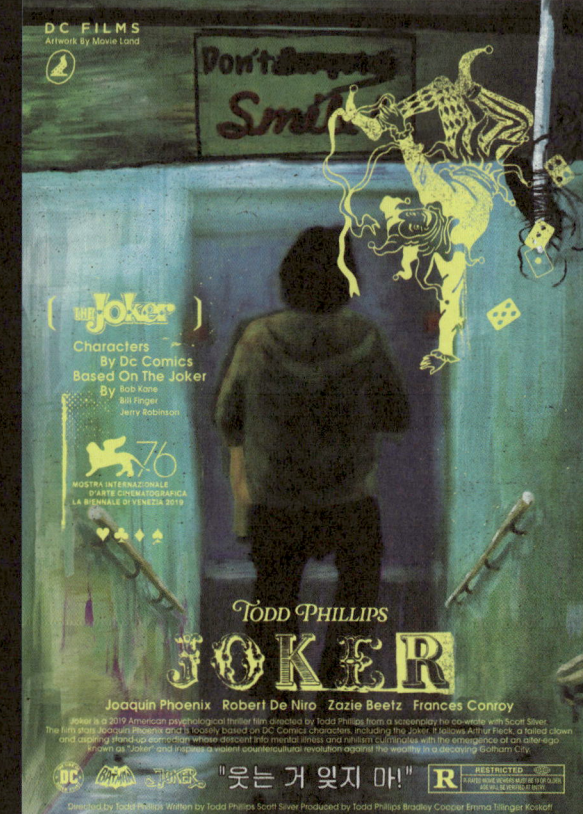

〈마스터〉, 큐레이터: 타지마 로(편집장), 디자인: 모춘, 2025년 1월

〈조커〉, 큐레이터: 타지마 로(편집장), 디자인: 모춘, 2025년 1월

〈나, 다니엘 블레이크〉, 큐레이터: 토스뱅크, 디자인: 혜린, 2025년 1월

〈미안해요, 리키〉, 큐레이터: 토스뱅크, 디자인: 혜린, 2025년 1월

〈트루먼쇼〉, 큐레이터: 넉살(래퍼), 디자인: 훈택, 2025년 2월

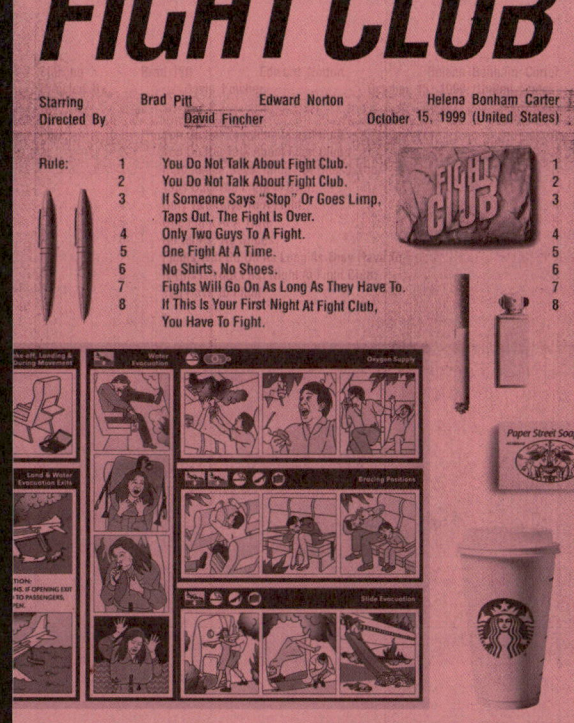

〈파이트 클럽〉, 큐레이터: 넉살(래퍼), 디자인: 모춘, 2025년 2월

〈바스터즈: 거친 녀석들〉, 큐레이터: 넉살(래퍼), 디자인: 모춘, 2025년 2월

〈보이후드〉, 큐레이터: 넉살(래퍼), 디자인: 훈택, 2025년 2월

〈아메리칸 뷰티〉, 큐레이터: 넉살(래퍼), 디자인: 모춘, 2025년 2월

〈미스 리틀 선샤인〉, 큐레이터: 무비랜드(극장), 디자인: 모춘, 2025년 2월

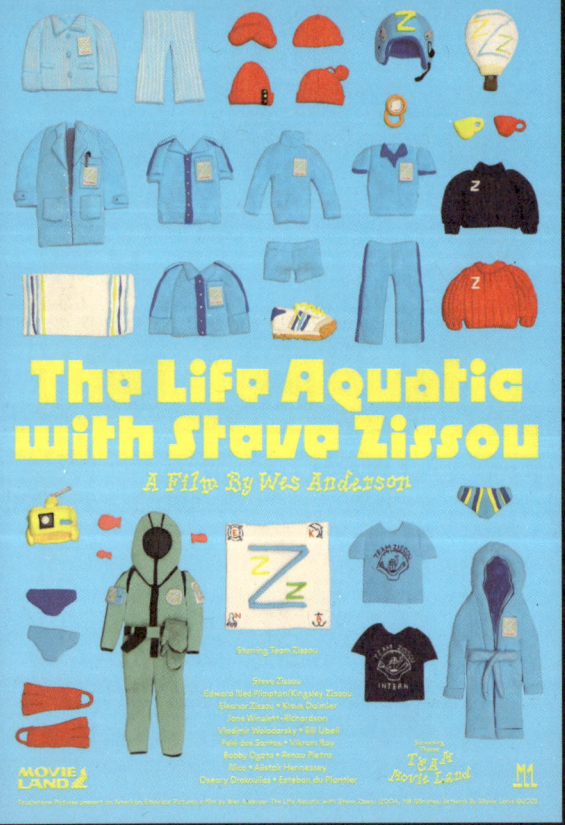

〈스티브 지소와의 해저생활〉, 큐레이터: 무비랜드(극장), 디자인: 혜린, 2025년 2월

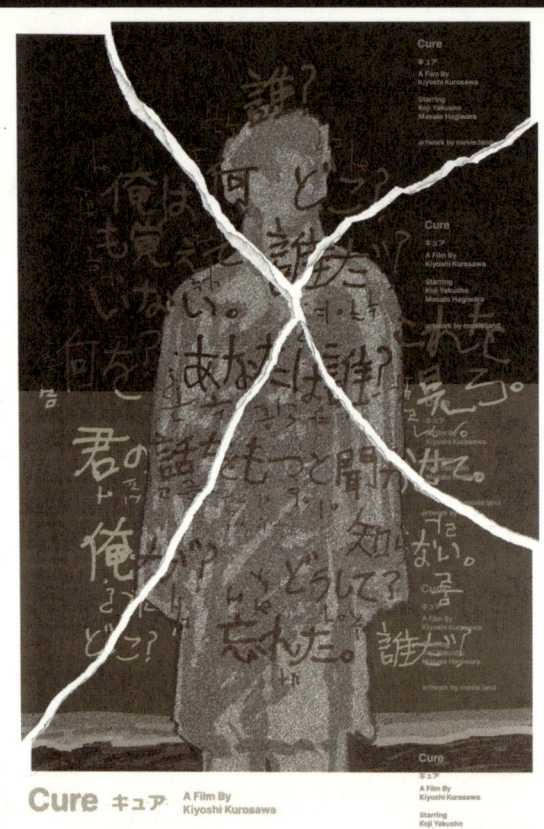

〈큐어〉, 큐레이터: 박시영(포스터 디자이너), 디자인: 혜린, 2025년 4월

〈파리, 텍사스〉, 큐레이터: 박시영(포스터 디자이너), 디자인: 모춘, 2025년 4월

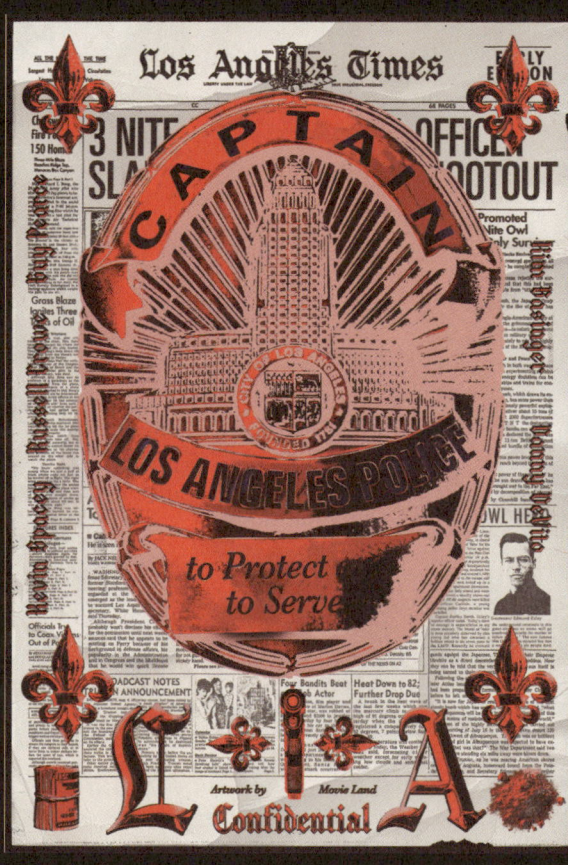

〈L.A 컨피덴셜〉, 큐레이터: 박시영(포스터 디자이너), 디자인: 훈택, 2025년 4월

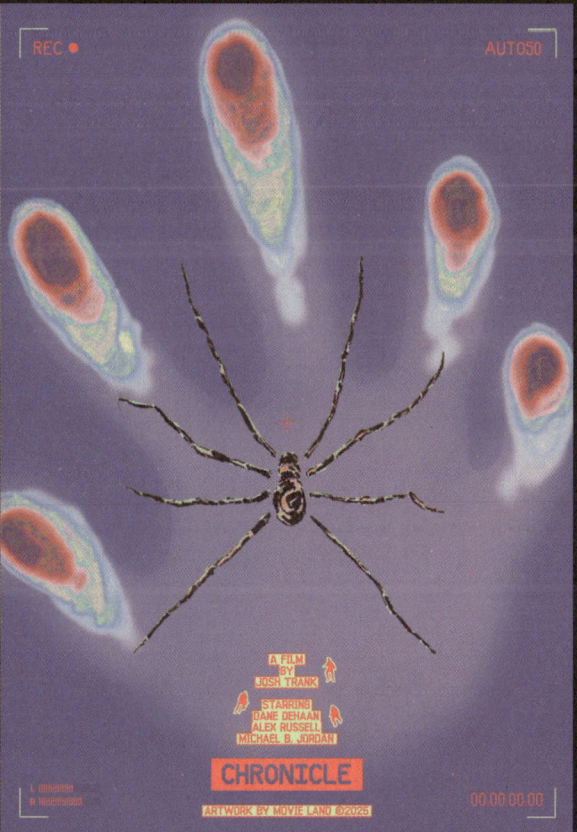

〈크로니클〉, 큐레이터: 박시영(포스터 디자이너), 디자인: 혜린, 2025년 4월

〈헤어질 결심〉, 큐레이터: 브루터스(매거진), 디자인: 훈택, 2025년 4월

〈드라이브 마이 카〉, 큐레이터: 브루터스(매거진), 디자인: 훈택, 2025년 4월

〈인 디 아일〉, 큐레이터: 전태일의료센터, 디자인: 혜린, 2025년 5월

〈패터슨〉, 큐레이터: 전태일의료센터, 디자인: 혜린, 2025년 5월

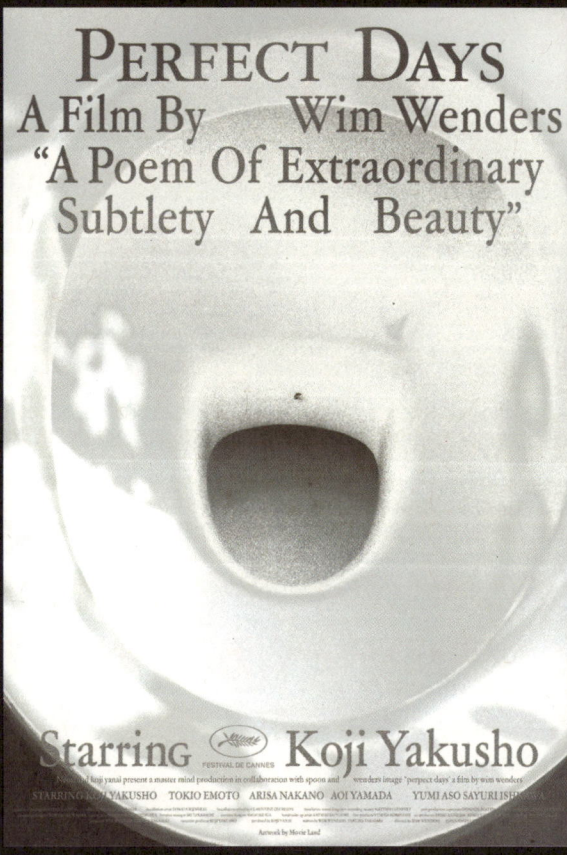

〈퍼펙트 데이즈〉, 큐레이터: 프릳츠(커피 컴퍼니), 디자인: 훈택, 2025년 5월

〈거미집〉, 큐레이터: 프릳츠(커피 컴퍼니), 디자인: 모춘, 2025년 5월

〈택시 운전사〉, 큐레이터: 프릳츠(커피 컴퍼니), 디자인: 훈택, 2025년 5월

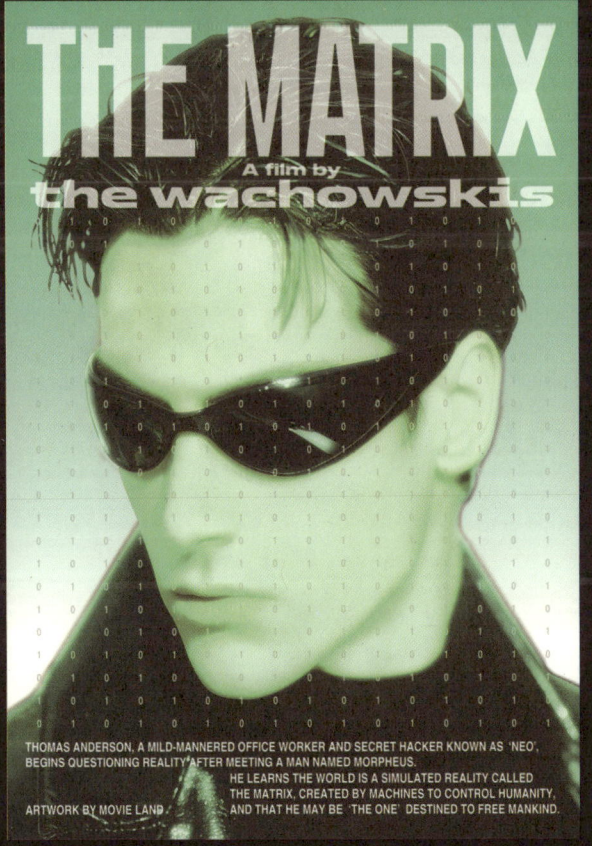

〈매트릭스〉, 큐레이터: 자이언티(가수), 디자인: 혜린, 2025년 6월

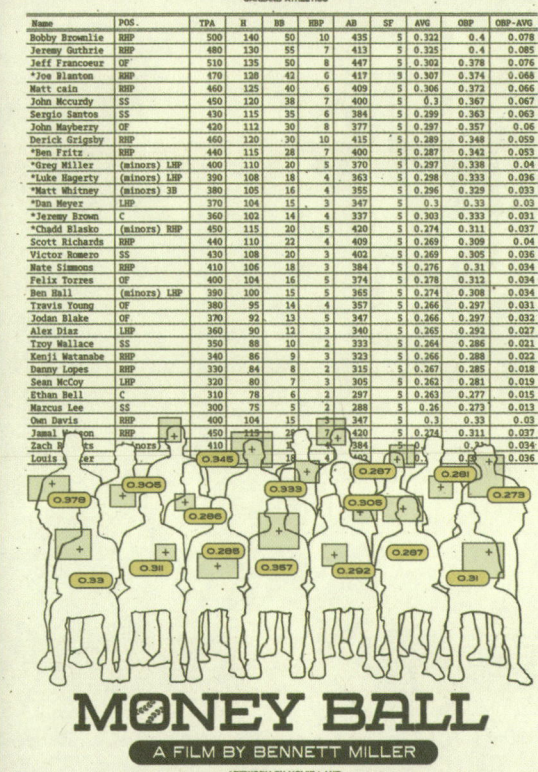

〈머니볼〉, 큐레이터: 자이언티(가수), 디자인: 혜린, 2025년 6월

〈그레이트 뷰티〉, 큐레이터: 자이언티(가수), 디자인: 모춘, 2025년 6월

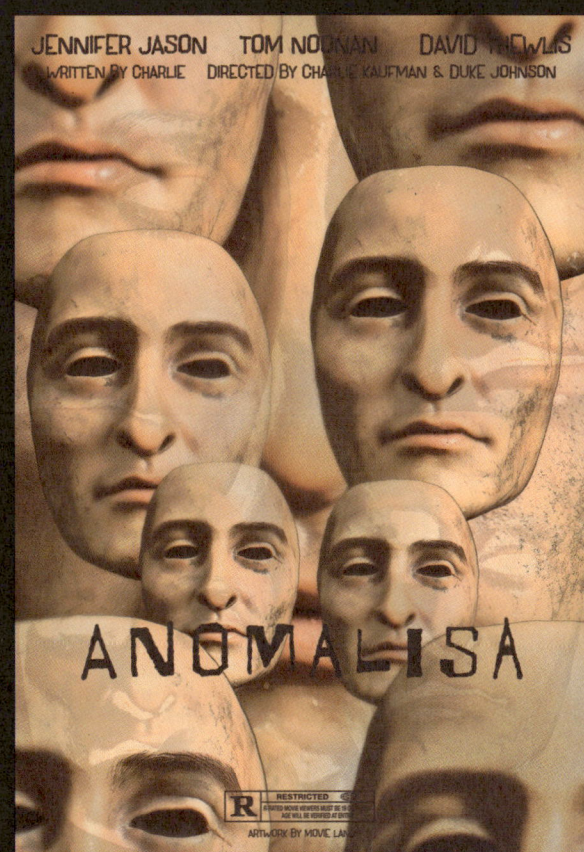

〈아노말리사〉, 큐레이터: 자이언티(가수), 디자인: 훈택, 2025년 6월

〈마이클 잭슨의 디스 이즈 잇〉, 큐레이터: 김보람(안무가), 디자인: 모춘, 2025년 7월

〈유주얼 서스펙트〉, 큐레이터: 김보람(안무가), 디자인: 모춘, 2025년 7월

GOOD WILL HUNTING
it's not your fault

ROBIN WILLIAMS
MATT DAMON

ARTWORK BY MOVIE LAND

〈굿 윌 헌팅〉, 큐레이터: 김보람(안무가), 디자인: 훈택, 2025년 7월

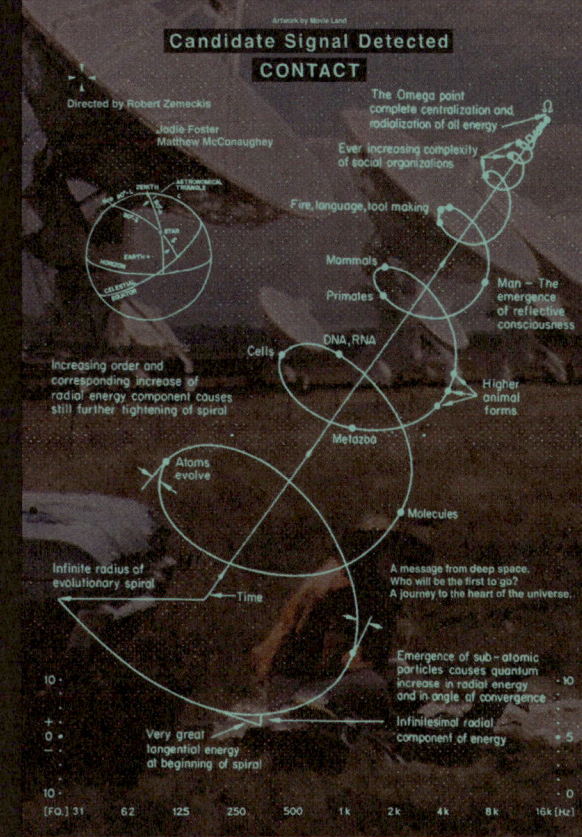

〈콘택트〉, 큐레이터: 김보람(안무가), 디자인: 훈택, 2025년 7월

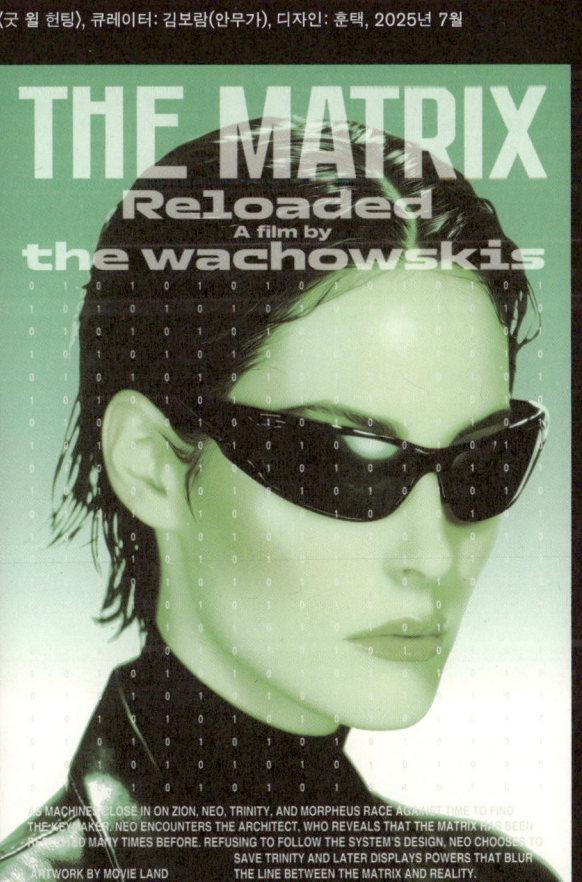

〈매트릭스 리로디드〉, 큐레이터: 김보람(안무가), 디자인: 헤린, 2025년 7월

新年进步

恭喜发财

一帆风顺

身体健康
　　事事如意
龙马精神
　　如意吉祥
大吉大利
　　万事顺意

友谊万岁

Comrades: Almost a Love Story
Artwork by Movie Land

〈첨밀밀〉, 큐레이터: 엄정화(배우/가수), 디자인: 훈택, 2025년 8월

〈에밀리아 페레즈〉, 큐레이터: 엄정화(배우/가수), 디자인: 모춘, 2025년 8월

〈슬픔의 삼각형〉, 큐레이터: 엄정화(배우/가수), 디자인: 모춘, 2025년 8월

〈피아노〉, 큐레이터: 엄정화(배우/가수), 디자인: 모춘, 2025년 8월

〈같은 속옷을 입는 두 여자〉, 큐레이터: 엄정화(배우/가수), 디자인: 훈택, 2025년 8월

〈미드나잇 인 파리〉, 큐레이터: 리드볼트, 디자인: 혜린, 2025년 8월

〈어디갔어, 버나뎃〉, 큐레이터: 리드볼트, 디자인: 혜린, 2025년 8월

〈코요테 어글리〉, 큐레이터: 오정미 작가 & 무제 출판사, 디자인: 훈택, 2025년 10월

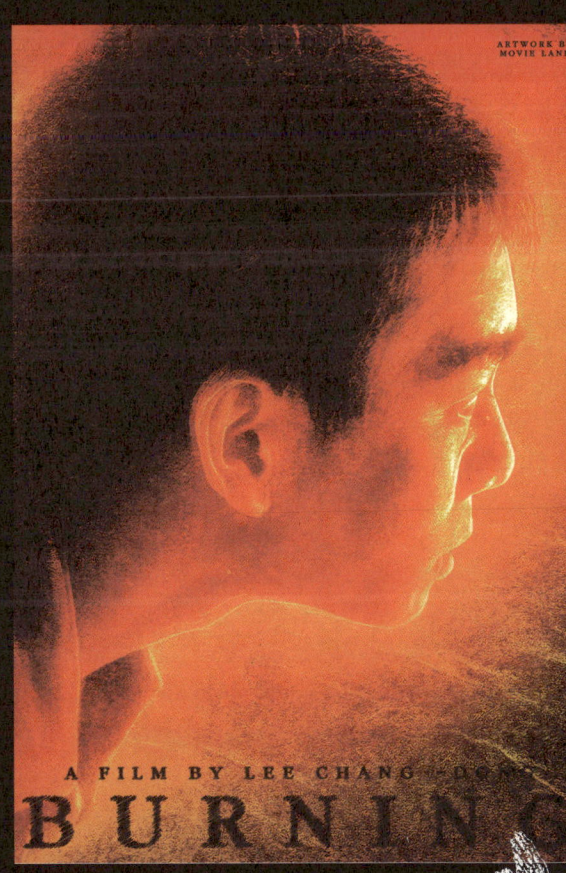

〈버닝〉, 큐레이터: 오정미 작가 & 무제 출판사, 디자인: 훈택, 2025년 10월

〈걸어도 걸어도〉, 큐레이터: 오정미 작가 & 무제 출판사, 디자인: 모춘, 2025년 10월

〈8월의 크리스마스〉, 큐레이터: 오정미 작가 & 무제 출판사, 디자인: 모춘, 2025년 10월

〈블랙스완〉, 큐레이터: 오정미 작가 & 무제 출판사, 디자인: 모춘, 2025년 10월

〈릴리슈슈의 모든 것〉, 큐레이터: 오정미 작가 & 무제 출판사, 디자인: 훈택, 2025년 10월

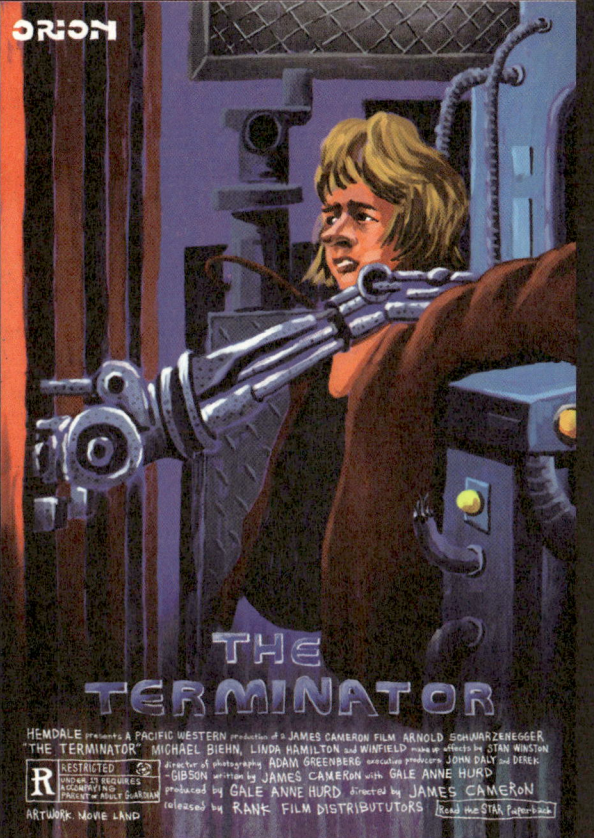

⟨터미네이터 1⟩, 큐레이터: 엄태화(영화감독), 디자인: 모춘, 2025년 11월

⟨터미네이터 2⟩, 큐레이터: 엄태화(영화감독), 디자인: 모춘, 2025년 11월

⟨복수는 나의 것⟩, 큐레이터: 엄태화(영화감독), 디자인: 모춘, 2025년 11월

⟨코메디의 왕⟩, 큐레이터: 엄태화(영화감독), 디자인: 모춘, 2025년 11월

〈배트맨〉, 큐레이터: 엄태화(영화감독), 디자인: 모춘, 2025년 11월

〈수면의 과학〉, 큐레이터: 콰야(작가), 디자인: 콰야/진호, 2025년 12월

〈소공녀〉, 큐레이터: 콰야(작가), 디자인: 콰야/진호, 2025년 12월

〈세이프 오브 워터〉, 큐레이터: 콰야(작가), 디자인: 콰야/진호, 2025년 12월

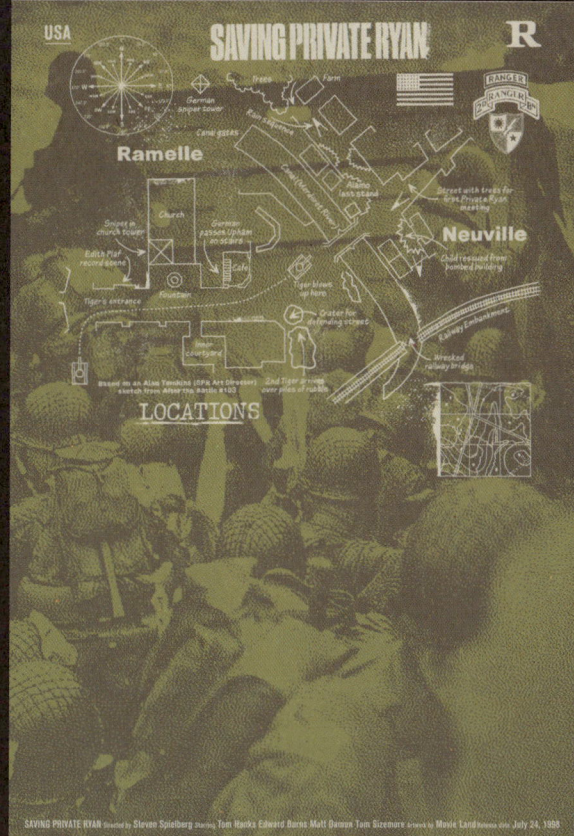

〈500일의 썸머〉, 큐레이터: 콰야(작가), 디자인: 콰야/진호, 2025년 12월

〈라이언 일병 구하기〉, 큐레이터: 스윙스(래퍼/배우), 디자인: 모춘, 2026년 1월

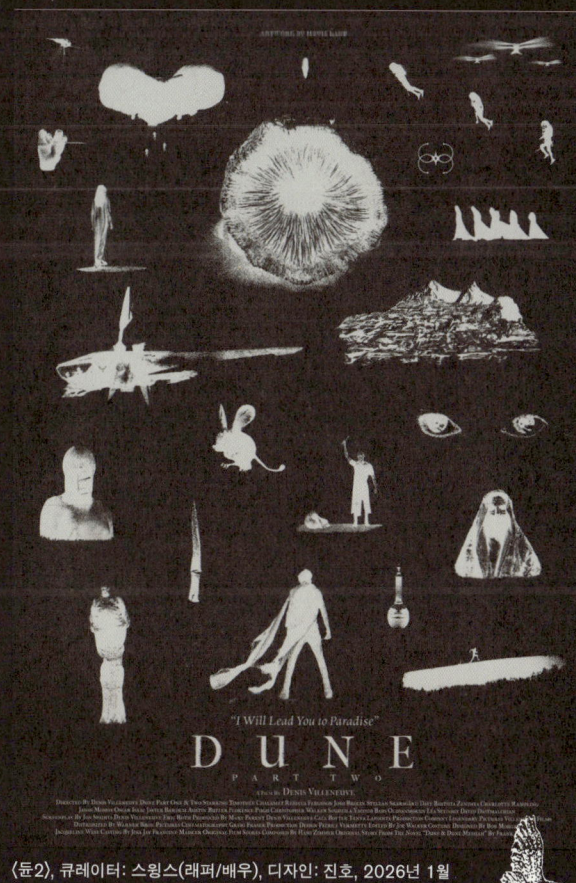

〈듄〉, 큐레이터: 스윙스(래퍼/배우), 디자인: 진호, 2026년 1월

〈듄2〉, 큐레이터: 스윙스(래퍼/배우), 디자인: 진호, 2026년 1월

〈칼리토〉, 큐레이터: 스윙스(래퍼/배우), 디자인: 자은, 2026년 1월

〈황해〉, 큐레이터: 스윙스(래퍼/배우), 디자인: 훈택, 2026년 1월

〈멀홀랜드 드라이브〉, 큐레이터: 월간 《디자인》《매거진》, 디자인: 진호, 2026년 2월

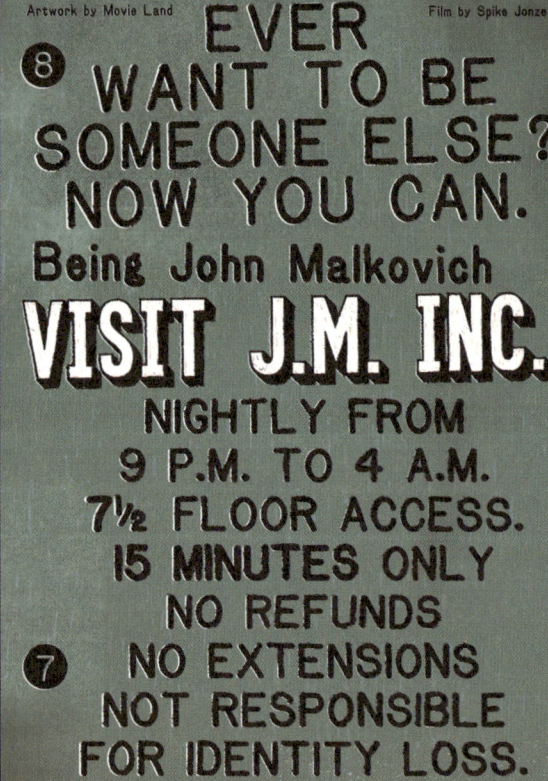

〈존 말코비치 되기〉, 큐레이터: 월간 《디자인》《매거진》, 디자인: 훈택, 2026년 2월

〈브라질〉, 큐레이터: 월간 《디자인》《매거진》, 디자인: 자은, 2026년 2월

〈하녀〉, 큐레이터: 월간 《디자인》《매거진》, 디자인: 모춘, 2026년 2월

〈미저리〉, 큐레이터: 김중혁(소설가), 디자인: 모춘, 2026년 3월

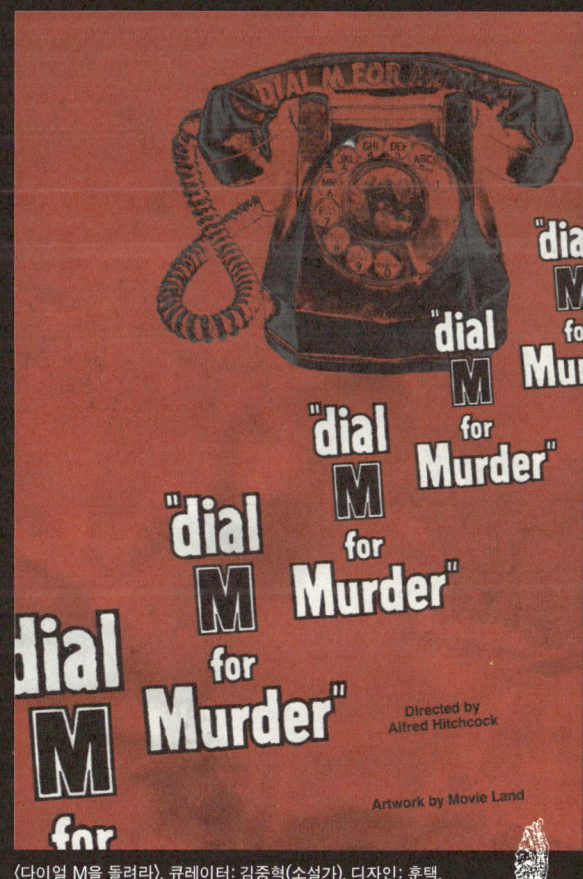

〈다이얼 M을 돌려라〉, 큐레이터: 김중혁(소설가), 디자인: 훈택,
2026년 3월

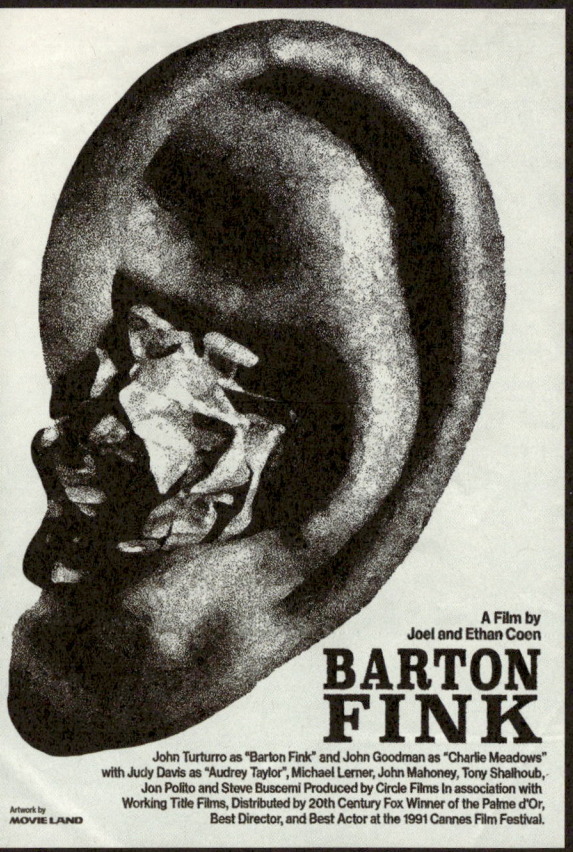

〈바톤 핑크〉, 큐레이터: 김중혁(소설가), 디자인: 진호, 2026년 3월

〈디 아워스〉, 큐레이터: 김중혁(소설가), 디자인: 자은, 2026년 3월

〈와호장룡〉, 큐레이터: 버논(가수), 디자인: 모춘, 2026년 4월

〈비틀쥬스〉, 큐레이터: 버논(가수), 디자인: 훈택, 2026년 4월

〈델마와 루이스〉, 큐레이터: 버논(가수), 디자인: 자은, 2026년 4월

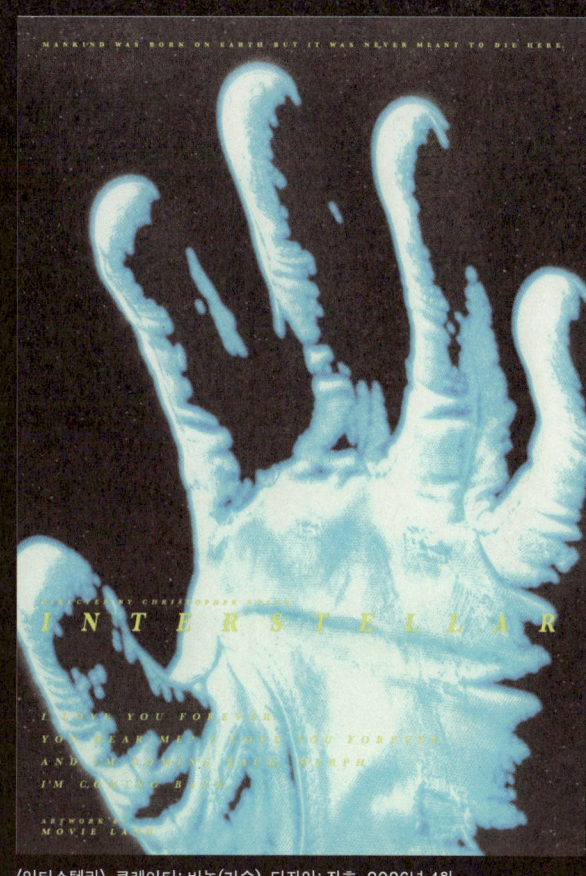

〈인터스텔라〉, 큐레이터: 버논(가수), 디자인: 진호, 2026년 4월

〈400번의 구타〉, 큐레이터: 민희진(오케이 레코즈 대표), 디자인: 준모, 2026년 5월

〈수영장〉, 큐레이터: 민희진(오케이 레코즈 대표), 디자인: 진호, 2026년 5월

〈남과 여〉, 큐레이터: 민희진(오케이 레코즈 대표), 디자인: 훈택, 2026년 5월

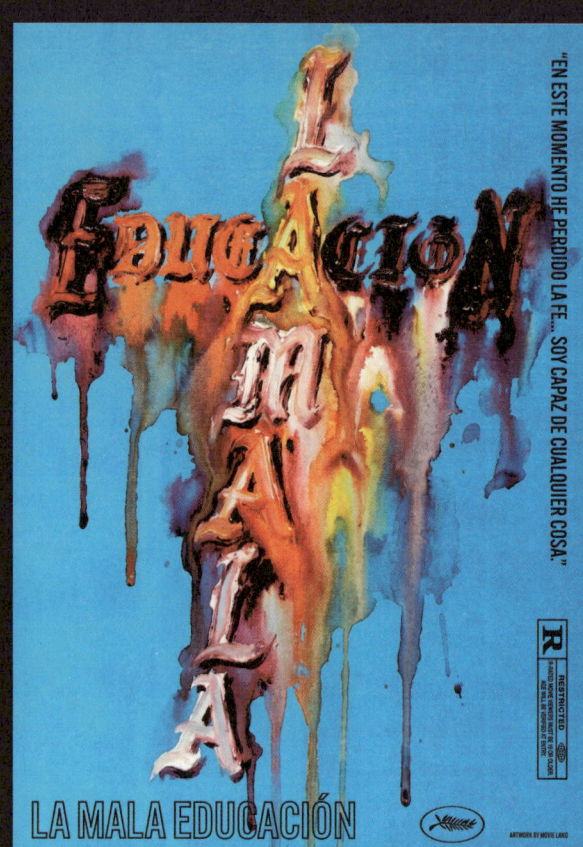

〈나쁜 교육〉, 큐레이터: 민희진(오케이 레코즈 대표), 디자인: 훈택, 2026년 5월

〈빌리 엘리어트〉, 큐레이터: 무비랜드, 디자인: 모춘, 2026년 5월

〈밀리언 달러 베이비〉, 큐레이터: 무비랜드, 디자인: 모춘, 2026년 5월

실전

VI   큐레이션 시스템의 검증

극장을 개관하다

2022년 4월 건축사무소와 첫 미팅을 한 이후, 극장 오픈일은 2023년 노동절에서 연말로, 다시 2024년 연초에서 2월로 계속해서 미뤄졌다. 미진한 부분들이 끊임없이 눈에 보였기 때문이다. 패키지와 제품 납품이 지연되었고, 추가로 구매해야 하는 집기와 제작물들이 늘어났다. 결국 완벽한 준비란 불가능하다는 사실을 받아들여야 했고, 더 이상 미룰 수 없다는 판단에 2024년 2월 29일에 오픈하기로 마음먹었다. 그날은 부족한 것이 있더라도 손님을 받는 것으로 결정하고, 2월 중순 가오픈 기간을 갖고 지인들을 초대하기로 했다. 가오픈은 정식 오픈 전 테스트의 목적과, 개업식의 의미가 있었다. 오랜 기간 공들여 준비한 공간인 만큼 주변에 알리고, 함께 축하하고 싶었다. 1월 말, 지인들과 그동안 파트너로 함께 일했던 분들께 초대장을 보내고 그후 약 2주 동안은 초긴장 상태로 보냈다. 배수의 진을 치고, 막판 스퍼트를 낸 셈이었다. 여전히 부족한 부분들이 보였지만 운영하며 개선해나가기로 마음먹었다.

모춘이 무비랜드의 첫 번째 큐레이터가 되어 영화를 골랐다. 첫 번째 상영작이 이후 큐레이션의 기준이 된다는 생각에, 영화를 고르는 데 오랫동안 공을 들였다. 저음에는 모춘과 내가 함께 좋아하는 영화를 고르기도 하고 팀원들에게 좋아하는 영화를 묻기도 했지만, 결국 개인의 취향을 기준으로 영화를 고르는 게 맞겠다고 판단했다. 여럿이 아닌 한 사람의 취향과 관점을 기반으로 영화를 고를 때 그 기획이 더욱 뾰족해진다고 생각했기 때문이다. 모춘은 '축개업'을 테마로 무비랜드 개관을 자축하며 자연인으로서, 그리고 작업자로서 좋아하는 영화 네 편 〈빽 투 더 퓨쳐〉, 〈대부〉, 〈대취협〉, 〈개들의 섬〉을 선정했다.

　가오픈을 앞두고 인테리어 작업은 막바지에 다다랐고, 영화를 상영할 준비도 마쳤다. 첫 상영 테스트는 현장에서 작업을 하고 있던 사람들과 함께했다. 영사기사 지우를 필두로 '콩파하'의 콩 실장, 목수 선생님, 미팅차 방문한 영화 수급 파트너사 대표님이 모여 앉았다. 영사기에서 뿜어져 나온 빛이 스크린에 비쳤다. 그 순간 모두가 비슷한 뭉클함을 느꼈던 것 같다.

첫 상영 테스트

몇 날 밤을 지새우며 가오픈을 준비했고 드디어 비몽사몽으로 첫 초대 손님을 맞았다. 약 300명 정도의 사람들이 2주에 걸친 가오픈 기간에 무비랜드를 방문했다. 그간 우리가 들인 노력을 잘 아는 사람들이 좋은 리뷰를 많이 남겨주었고, 그들이 건넨 진심 어린 응원의 말들이 우리 팀에게 큰 힘이 되었다. 그들의 리뷰가 무비랜드의 개관 소식을 여러 곳에 전파하는 씨앗과도 같은 역할을 해주었다.

그리고 가오픈 기간은 실제 시뮬레이션을 해보며 부족한 부분을 보완할 수 있는 기회이기도 했다. 회차 간 시간 간격이 부족하진 않은지, 운영 스텝의 동선이 꼬이지는 않는지 등 여러 우려되는 사항들을 세심히 조정했다. 부족한 청소 도구나 POP 집기 같은 장비들도 보완했고, 미처 도착하지 않았던 조명 같은 가구들도 그 기간에 속속 채워졌다. 그렇게 2주간의 가오픈 기간을 마치고 2024년 2월 29일, 4년에 한 번씩 찾아온다는 윤달의 마지막 날에 무비랜드는 첫 정식 상영을 시작했다.

큐레이터 섭외 비하인드

무비랜드에서 초대한 첫 큐레이터는 코미디언 문상훈이었다. 문상훈이 속한 '빠더너스(BDNS)'와의 인연은 창업 초기로 거슬러 올라간다. 모베러웍스가 막 시작하는 단계였던 2020년 무렵, 아메리칸 빈티지 코믹스 스타일을 좋아하던 빠더너스 쪽에서 모베러웍스의 마스코트와 비슷한 스타일의 캐릭터를 만들고 싶다고 연락해왔다. 채널을 즐겨 보고 있던 차라 무척 반가운 연락이었고, 모춘이 빠더너스 채널의 마스코트 문땡이 캐릭터 디자인과 로고 디자인을 진행했다. 이후로 모베러웍스와 빠더너스는 꾸준히 협업 제품을 출시하며 형제애를 다졌다. 빠더너스는 처음 만났을 때도 구독자 20만을 보유한 인기 팀이었는데, 해를 거듭할수록 큰 사랑을 받아 우리가 극장을 준비할 당시에는 200만 채널로 성장했다. 그리고 문상훈은 우리가 아는 사람 중 가장 유명한 사람이 되었다. 개관에 온 힘을 쏟아야 했기에 그런 문상훈에게 첫 큐레이터를 부탁했다. 마침 개관 시기가 빠더너스와

모베러웍스가 함께 4부작으로 기획한 '브라더-후드' 협업의 마지막 출시 시점과
맞물렸고, 4부작 협업 제품을 모두 구매해주신 분들을 대상으로 무비랜드에서
감사제를 진행하는 이벤트를 기획했다. 이벤트에서 빠더너스 측에서 제작한
초단편 영화를 상영하고, 문상훈과 모춘이 이어서 관객들과 대화하는
구성이었다. 감사제 이벤트 기간이 끝난 후 한 달 동안 문상훈의 큐레이션 영화
상영이 이어졌다. 문상훈은 코미디 영화 네 편 〈행오버〉, 〈찬실이는 복도 많지〉,
〈반칙왕〉, 〈소림축구〉를 골랐다.

순조롭게 첫 큐레이터를 섭외한 그다음이 큰 과제로 다가왔다. 두 번째
큐레이터 섭외에 실패하면 큐레이션 시스템 자체가 무너지는 것이기에 조금은
초조한 마음이었다. 광고 제작사 '돌고래유괴단'의 신우석 감독이 후보로
거론됐다. 돌고래유괴단이 광고를 맡은 프로젝트에 모베러웍스가 캐릭터
디자인으로 협업한 적이 있어 인연이 있었다. 하지만 그 당시 프로젝트에
신우석 감독은 관련하지 않아 일면식이 있는 건 아니었다. 돌고래유괴단에서
일한 경력이 있던 우리 팀원 대현이 나서서 신우석 감독에게 물밑 작업을
해두었다. 그리고 프로젝트에 함께했던 이성헌 부대표에게 부탁해 신우석
감독과 만나는 자리를 마련할 수 있었고, 그 자리에서 승낙을 받았다. 신우석
감독은 무비랜느에서 〈대부〉와 같은 명작 영화를 상영한다는 것, 첫 큐레이터로
문상훈이라는 아티스트가 참여했다는 것이 매력적이었다고 이야기했다.

 신우석 감독 섭외에 성공했을 즈음, 배우 박정민으로부터 큐레이터로
참여하고 싶다는 연락을 받았다. 문상훈이 박정민과 대화를 나누다가
무비랜드를 소개했는데 그가 관심을 보인 것이다. 놀라운 일이었다. 배우
박정민은 평소 좋아하는 영화 네 편 〈아는 여자〉, 〈스내치〉, 〈베이비 드라이버〉,
〈나우 유 씨 미〉를 골랐다. 그가 백 번도 넘게 봤다는 〈아는 여자〉는 취소표
몇 장을 제외하고 전 좌석이 매진되었고, 이 영화로 첫 관객과의 대화(GV)
무비 토크 이벤트를 진행했다.

 조금씩 큐레이션 사례가 쌓이면서, 무비랜드 쪽에 제안이 먼저 오는 경우도
생겼다. 배우 이제훈은 전국의 독립 극장을 방문하는 유튜브 채널 '제훈씨네'
촬영을 위해 무비랜드를 찾았다. 그때 무비랜드를 소개하며 자연스럽게

큐레이터 제안을 드렸고, 그가 흔쾌히 수락하여 큐레이션이 성사되었다. 가수이자 배우 엄정화 역시 본인의 유튜브 채널 'Umazing 엄정화TV'의 성수동 편 촬영을 위해 무비랜드에 방문했고, 그때 이야기를 나누다 큐레이터로 초대할 수 있었다.

인스타그램 DM은 개인에게 직접 닿을 수 있는 좋은 채널이다. 물론 언제나 성공하는 것은 아니지만, 꽤 성공률이 높다. 때때로 '진짜로 이분이 큐레이터를 해주신다고?'라는 생각이 들 때도 있다. 큐레이터의 입장에서 비용을 받는 것도 아니고, 시간을 들여야 하는 일임에도 선뜻 참여를 해주는 이유가 무엇일까? 무비랜드 큐레이터 제안에 승낙 받을 때 공통적으로 듣는 답변은 "재미있겠네요"라는 말이다. 좋아하는 영화를 고르고, 그 영화들을 극장에서 볼 수 있도록 만드는 경험이 특별하고 재미있게 다가가는 것 같다. 동시에 극장만이 줄 수 있는 경험의 가치를 아는 사람들이기 때문이라는 생각도 든다. 선정된 큐레이터는 자신이 오래전부터 좋아했지만 영화관에서 본 적은 없었던 영화를 극장에서 보고 싶다는 이유로 고르기도 하고, 사람들이 극장에서 이 영화를 꼭 봤으면 하는 마음으로 고르기도 한다. 저마다 아껴두었던, 먼지 쌓인 보물을 꺼내 보이는 기쁨을 누린다.

물론 섭외가 항상 쉬운 것은 아니다. 매달 섭외를 해야 하는데, 예매 직전까지 섭외를 못한 채로 발을 동동 구른 적도 많다. 반대로 여러 명의 큐레이터가 동시에 찾아왔지만 일정상 한 달에 한 분의 큐레이터만 모실 수 있어 어쩔 수 없이 참여를 고사한 적도 있다. 한 사람의 큐레이터를 모시는 정규 큐레이션 상영 외에 진행하는 브랜드와의 협업 일정을 조율하는 것도 까다로운 일 중 하나다. 단지 사심으로 만나고 싶은 사람이 있더라도 그분이 영화에 큰 관심이 없는 것 같아 보일 경우에는 섭외가 어렵기에 아쉬울 때도 있다.

감사하게도 그간 다양한 분야의 큐레이터를 모실 수 있었는데, 큐레이터 섭외 기준에 대해 질문을 받기도 한다. 큐레이터를 섭외하는 데 있어서는 처음부터 오히려 의식적으로 기준을 정해두지 않으려고 했다. 틀에 갇히지 않고 다양한 사람을 만나고 싶었기 때문이다. '이 사람은 어떤 영화를 좋아할까?

어떤 생각을 하고 살기에 이런 작업물을 만들어낼까?'라는 궁금증이 든다면 고민 없이 섭외를 한다. 그런 사람들이 주로 유명한 사람들이어서, 유명세가 섭외 기준이냐는 오해 아닌 오해를 받기도 하지만 꼭 그렇지만은 않다. 그동안 초대한 큐레이터 사이에 공통점이 있다면 자기 것을 만드는 창작자라는 점이다. 시간이 지나 더 많은 큐레이터들을 모시게 되면, 그 자체로 기준에 대한 설명이 필요하지 않은 때가 오지 않을까.

반복과 변주 속 업무 사이클

무비랜드의 프로젝트는 큐레이터 섭외, 영화 수급, 아트워크 등에 소요되는 시간을 감안해 약 두세 달 앞서 업무가 시작된다. 큐레이터가 섭외되면 먼저 10~15편 정도 큐레이션 영화 리스트를 받는다. 최종 상영작은 4~6편으로 결정되지만, 수급이 어려운 영화들이 있기 때문에 두세 배수로 리스트를 받는 것이다. 수급 가능 여부가 파악이 되면 큐레이터와 함께 최종 상영작을 결정하고, 큐레이터로부터 선정 이유에 대한 간략한 코멘트를 받는다. 영화가 결정되고 나면 분주해진다. 디자이너는 영화를 재해석해 아트워크를 만들고, 상영 기간 동안의 공간 경험을 디자인한다. 무비랜드 곳곳에 큐레이터의 소장품, 영화와 관련된 소품을 배치해 영화적 경험을 시각화하는 것이 디자이너의 역할이다. 기획자는 '무비랜드 라디오' 인터뷰 질문지를 구성하고 촬영 준비를 시작한다. 이후 큐레이터와 사전 협의한 촬영일에 선정작들에 대한 이야기를 나누고 나면, 이것을 편집해 롱폼 영상과 숏폼 영상으로 만든다. 큐레이터가 선정한 영화를 하나의 테마로 엮고, 사람들에게 소개할 글을 쓰는 것도 기획자의 역할이다. 상영 라이선스 계약과 비용 처리, 큐레이터 및 파트너사와의 커뮤니케이션, 상영 시간표 작성, 상영 테스트를 준비하는 일도 꼼꼼히 챙긴다. 예매 오픈일이 다가오면 기획자는 콘텐츠 발행 계획을 세우고, 디자이너가 이에 필요한 사진 촬영이나 소재를 디자인한다. 이렇게 한 사이클이 끝나면 예매가 오픈되고 상영이 시작된다. 그리고 나면 또 다음 달의 큐레이션이 반복되는 구조다.

매달 동일한 루틴으로 업무가 반복되는 것 같지만, 항상 새롭다. 반복되는
구조 안에 변주가 있기 때문이다. 큐레이터의 성향에 따라, 큐레이터가 고른
영화에 따라 분위기가 바뀐다. 25년 12월의 큐레이터는 콰야 작가,
26년 1월의 큐레이터는 래퍼 스윙스였는데 연말과 연초의 분위기가 확연히
달랐다. 콰야 작가는 그의 그림처럼 따뜻한 사랑 영화들 〈500일의 썸머〉,
〈셰이프 오브 워터〉, 〈수면의 과학〉, 〈소공녀〉를 고르고, 래퍼 스윙스는 거칠고
웅장한 영화들 〈칼리토〉, 〈라이언 일병 구하기〉, 〈황해〉, 〈듄〉을 골랐다. 의도한
것은 아니었지만 콰야 작가의 큐레이션 기간 동안에는 무비랜드에 연말
분위기와 어울리는 사랑스러운 무드가 흘렀고, 연초의 무비랜드에서 느껴지는
기운은 사뭇 웅장했다. 큐레이터에 따라 관객들의 모습도 달라진다.
그래픽 디자이너 듀오 신신이나 포스터 디자이너 박시영이 영화를 골랐을
때는 누가 봐도 디자이너처럼 보이는 손님들이 가득했고, 김보람 안무가의
큐레이션 기간 동안에는 댄서 손님들이 많았다.
    이렇듯 매달 일정한 루틴으로 프로젝트를 운영하는 과정에서 우리 나름의
노하우가 조금씩 쌓여가는 걸 확인하는 것은 또 하나의 기쁨이다. 제한된
공간이라는 점에는 변함이 없지만, 집기를 바꿔보기도 하고 새로운 자리에
가구를 디스플레이해보기도 하면서 계속해서 완성도를 조금씩 높여가고 있다.
전시물 설치 시간의 경우에도 처음엔 며칠이 걸렸는데, 이제는 반나절 혹은
하루 만에 소화할 수 있게 되었다.

큐레이터와 이야기 나누는 과정에서 예상치 못했던 이벤트들이 기획되기도
한다. 색소포니스트 김오키를 만나 〈무드 인디고〉에 나오는 음악 이야기를
하던 중 재즈 연주회를 기획하기도 했고, 만화가 마영신과 함께 관람객들의
캐리커처를 그려주며 이야기 나누는 형식의 GV를 진행한 적도 있다.
프릳츠 김병기 대표가 직접 커피를 내려주는 동안 영화 이야기를 나누는
라이브 커핑쇼도 인기가 좋았다. 자이언티의 인터뷰 도중에는 이삿짐 정리를
위한 플리마켓 아이디어가 나와 얼마 후 정말 장터를 열었고, 여기에 미니
옥션 형식으로 경매 프로그램도 진행했다.
    이처럼 반복과 변주 사이에서 무비랜드는 큐레이터와 함께 세심한

큐레이션을 선보이는 극장, 재미있는 이벤트들이 열리는 극장으로
자리 잡아갔다.

하는 일	내용
큐레이터 섭외	작업적으로 매력이 있고, 궁금한 부분이 생기는 큐레이터를 섭외한다.
영화 리스트 수급	수급이 어려울 경우를 대비해 큐레이터로부터 약 10~15편의 영화 리스트를 받는다.
인터뷰 준비	수급 가능한 최종 상영작을 4~6편 확정하고, 인터뷰 방향성을 기획한다.
아트워크	상영작의 아트워크를 만들고, 이를 포스터와 리플릿, 티켓에 적용한다.
인터뷰	큐레이터와 영화에 대한 인터뷰를 진행하고, 풀 버전과 숏폼 버전으로 편집한다.
테마 기획	인터뷰를 기반으로 전체 테마를 결정하고, 테마와 영화를 소개하는 글을 작성한다.
공간 경험 기획	큐레이터 소장품, 상영작 관련 소품, 이벤트 등 영화적 경험 요소들을 기획한다.
상영 테스트	상영하는 영화들의 테스트를 거친다. 자막, 음향, 화질 등을 점검한다.
선호도 조사	방문객 대상 투표를 통해 상영 예정작들의 선호도를 파악한다.
상영 시간표 작성	상영작들의 회차별 시간표를 작성하고, 이를 토대로 운영 스케줄을 계획한다.
상영	약 한 달 동안 영화 4~6편을 상영한다. 상영 기간 동안 큐레이터 소장품을 전시한다.
스페셜 이벤트	토크쇼, 연주회, 플리마켓 등 큐레이터의 성격에 따라 이벤트를 마련한다.

무비랜드
큐레이션
업무 사이클

새로운 갈래로의 확장

2025년 1월, 무비랜드는 첫 글로벌 큐레이터로《브루터스》매거진의 타지마 로 편집장을 초대했다.《브루터스》는 1980년에 창간해 1,000호 넘게 발행된 일본의 라이프스타일 매거진으로, 우리 멤버들이 오랜 시간 동경해온 매체다. 아직 극장을 열기 전인 2023년, 서울에 강연 차 방문했던 타지마 로 편집장을 만나게 되었다. 강연을 주최한 '도쿄다반사' 측의 소개로 잠깐의 티타임을 가질 수 있었는데, 당시에 무비랜드를 열게 되면 꼭 초대하고 싶다고 말했다. 그리고 그때의 만남을 그가 잊지 않아준 덕분에, 첫 외국인 큐레이터로 모실 수 있었다.

타지마 로 편집장은 동갑내기 배우 '호아킨 피닉스'를 테마로 그가 출연한 영화들 〈조커〉, 〈마스터〉, 〈그녀(HER)〉, 〈컴온 컴온〉을 골랐다. 인터뷰를 위해 도쿄 긴자에 있는 오피스도 방문했고,《브루터스》매거진 사람들이 어떤 환경에서 일하는지도 살펴볼 수 있었다. 브루터스가 해외 매체에 사무실 내부를 공개한 적은 처음이라고 했다. ☞

이 프로젝트는 한 사람에서 그치지 않고, 다양한 갈래로 뻗어나갔다. 큐레이션 기간 동안 진행된 토크 이벤트 참여를 위해 타지마 로 편집장과 시미즈 에디터가 서울을 방문했고, 그 현장에서《브루터스》한국 특집호에 대해 이야기 나눌 기회가 생겼다. 그리고 뒤풀이 자리에서 농담처럼 '한국 사람도 모르는 한국'이라는 아이디어를 냈는데, 그게 힌트가 되어 2025년 4월, 실제로 그 콘셉트에 맞춰 한국 특집호가 발행됐다. 《브루터스》특유의 관점으로 진주, 부산, 전주 등 전국 각지를 취재하며 '한국 사람도 모르는 한국'의 움직임을 포착했다.

그리고 한국 특집호와 관련된 이벤트가 무비랜드에서 진행됐다. 1월이 편집장을 큐레이터로 초대해 개인의 관점을 엿보는 자리였다면, 4월은《브루터스》매거진의 관점으로 큐레이션이 확장되었다. 편집부에서 취재하며 경험한 한국의 인상과 닮은 두 편의 영화를 무비랜드에서 상영했다. 〈헤어질 결심〉에서 서래와 해준이 재회하는 이포 시장은 에디터에게 한국

브루터스 사무실 방문

지방에 관심을 갖게 만든 계기였고, 〈드라이브 마이 카〉의 마지막 장면에서
미사키가 차를 몰고 달리는 곧은 도로는 취재를 위해 통영에서 부산으로
향하던 길에서 만난 한국의 인상이었다. 영화를 매개로 《브루터스》 매거진과
함께 한국 특집호까지 소개할 수 있어 의미 있는 프로젝트였다.

2025년 노동절을 함께한 큐레이터는 '전태일 의료센터'라는 단체였다.
노동절은 모베러웍스 브랜드가 중요하게 생각하는 날이라 항상 자체적으로
행사를 열었다. 그리고 무비랜드에서 보내는 노동절을 조금 다른 형태로
확장하고 싶어 고민하던 차에 전태일 의료센터를 만나게 됐다.
전태일 의료센터는 직업병 연구와 치료를 사명으로 삼아온 녹색병원에서
2028년 완공을 목표로 짓고 있는 병원이다. 일하는 사람을 위한 병원으로,
노동자들이 더 건강하게 일할 수 있도록 실질적인 대안을 제시하는
병원이라는 점이 의미 있게 와닿았다. 전태일 의료센터의 고민은
'전태일'이라는 이름의 무게감이었다. 이번 기회에 노동 투쟁이나 열사의
숭고함을 연상하는 대신, 일하는 사람이라면 누구나 편하게 찾을 수 있는
병원으로 소개하고 싶다고 했다. 우리 팀이 노동절 행사를 하는 방식은
누구보다 가벼웠기에, 서로 시너지를 낼 수 있겠다고 생각했다. 심각한 직업병
대신 일하는 사람이라면 누구나 앓고 있는 직업병에 대해 이야기하고 싶었고,
그런 의미를 담아 〈패터슨〉과 〈인 디 아일〉이라는 영화를 상영했다. 행사 기간
동안 무비랜드 공간을 간이 진료소로 꾸며 직업병 상담, 손목 테이핑 워크숍을
진행하기도 했다.

전태일 의료센터뿐만 아니라 커피와 제빵 기술자 집단인 프릳츠와도 노동절
기간을 함께했다. 프릳츠는 매년 노동절이면 일하는 사람들을 위해 진하게
로스팅한 커피 '영차영차'를 만드는, 누구보다 노동절에 진심인 팀이기에
무비랜드와 전태일 의료센터가 함께하는 노동절 주간의 취지에 동참해주었다.
누군가의 매일에 힘이 되는 빵과 커피를 만드는 프릳츠 구성원들은 노동에
관한 세 편의 영화 〈퍼펙트 데이즈〉, 〈거미집〉, 〈택시 운전사〉를 골랐다.

배우 박정민과의 큐레이션 협업도 매년 모습을 달리해 범주를 확장한 사례다. 2024년 7월, 큐레이션 상영으로 박정민 배우를 처음 만나 이야기 나누던 자리에서, 그는 한동안 잠시 쉬어가며 출판사 일을 본격적으로 해보고자 한다고 말했다. 그리고 무비 토크에서는 나중에 또 한 번 큐레이터를 하고 싶다는 이야기를 농담처럼 말하기도 했는데, 1년이 지난 후 그는 출판사 대표로서 정말로 다시 무비랜드를 찾아주었다.

　박정민 배우가 운영하는 출판사 '무제'에서 영화 〈버닝〉의 각본을 쓴 오정미 작가의 에세이 《내 모든 것》을 출간했는데, 사람들의 인생 영화에 대한 인터뷰로 구성된 책이었다. 무비랜드에서는 책에 나온 〈코요테 어글리〉, 〈걸어도 걸어도〉, 〈8월의 크리스마스〉, 〈블랙스완〉, 〈릴리 슈슈의 모든 것〉, 〈버닝〉 여섯 편의 영화를 상영했다. 상영 기간 동안 오정미 작가의 책을 비치해 읽을 수 있도록 하고, 오디오북을 들을 수 있는 공간도 마련했다. 2024년 7월에 박정민 배우 큐레이션으로 처음 무비랜드를 찾았던 손님들이 단골이 되어 2025년 큐레이션 상영을 찾아온 모습을 보니 감회가 새로웠다.

수익 구조의 검증

무비랜드 큐레이션 시스템을 안정적으로 운영하기 위해, 초기에 기획한 'B2B2C 전략'을 실현하는 브랜드 협업 사례를 만드는 일이 중요했다. 큐레이터를 초대해 영화를 상영하는 것만으로는 비즈니스를 지속할 수 있는 구조를 만들 수 없었기 때문에, 부가 가치를 만들어내는 수익 모델을 검증하는 것은 생존을 좌우하는 문제였다.

　다행히 개관하기도 전에 '왓챠'와 '비너스'에서 무비랜드를 찾아주었다. 사례가 없는 상황에서 협업을 하는 것은 그들 입장에서도 도전이었을 텐데, 아마 모베러웍스 브랜드 활동 이력과 모티비 채널의 극장 제작기를 보고 제안해준 것 같다.

왓챠와는 한창 공사가 진행 중인 무비랜드 현장에서 프로젝트를 구상했다.

왓챠 구성원들은 무비랜드가 정형화되지 않은 새로운 형식의 극장인 점이
매력적으로 다가왔다고 했다. 왓챠와 무비랜드는 닮은 점이 많았다. 왓챠는
'취향의 발견'을 모토로 다른 플랫폼과 비교해 훨씬 다양한 장르의 영화를
보유하고 있었고, '왓챠피디아'의 데이터를 기반으로 사용자들이 새로운
취향을 발견할 수 있도록 돕고 있었다. 먼지 쌓인 보물을 발굴한다는(Dusty
Gems) 무비랜드의 모토와 일맥상통하는 가치였다. 사용자들과 긴밀한 관계를
맺고 있다는 점도 우리 팀의 지향점과 잘 맞았다. 기존에 왓챠는 온라인
플랫폼을 기반으로 활동해왔기 때문에, 이번 기회에 무비랜드라는 공간을
통해 오프라인에서 사용자들을 만나고 그들에게 왓챠가 보여주고자 하는
영화적 경험을 선사하고 싶다고 했다. 이에 온라인상에서 사용자들이 함께
콘텐츠를 즐길 수 있는 '왓챠파티'라는 서비스를 무비랜드와 한 달에 한 번,
오프라인 공간에서 벌여보기로 했다.

　　매달 셋째 주 수요일, 왓챠 측이 테마를 정하고 그에 맞는 영화를 선정해
무료로 상영했다. 만우절이 있는 4월에는 〈트루먼 쇼〉를, 7월에는 '세기말
공포영화 파티'를 테마로 〈주온〉과 〈알포인트〉를, 9월에는 '추석 왓챠상차림'을
테마로 추석 특선영화 〈타짜〉, 〈영웅〉, 〈쥬만지〉를, 12월에는 겨울 하면
떠오르는 영화 〈러브레터〉를 상영했다.

　　상영작에 맞춰 공간을 디스플레이하고, 손수 선물도 만들어 손님들을
맞았다. 특히 5월 노동절 특집으로 구성한 〈오피스〉 상영회는 왓챠와 무비랜드
모두에게 가장 인상적인 회차였다. 극장을 기획할 때부터 무비랜드가 영화만
트는 곳이 아닌 다양한 콘텐츠를 담는 곳이었으면 하는 바람을 갖고 있었고,
만약 영화가 아닌 것을 틀게 된다면 〈오피스〉와 같은 미드 형태도 재밌겠다는
생각을 해왔다. 〈오피스〉는 나뿐만 아니라 팀원들도 너무나 사랑하는
시리즈였다. 알고 보니 왓챠 팀 구성원들 또한 막강한 〈오피스〉 덕후들이었고,
그래서 다들 상영할 에피소드를 고르는 일부터 즐겁게 임할 수 있었다. 건물
내부에는 오피스 덕후라면 좋아할 수밖에 없는 소품들을 비치해두었고,
관람객들에게도 넥타이를 나눠주며 그날 하루는 모든 사람이 〈오피스〉에
과몰입할 수 있도록 계획했다. 영화가 아닌 미드 시리즈를, 그것도 〈오피스〉를
극장에서 보는 경험은 참여한 사람 모두에게 특별한 기억으로 남았다.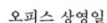

오피스 상영일

왓챠와는 1년의 시간을 함께했다. 기획, 디자인, 접객까지 하나의 팀으로
상영회를 꾸렸고, 모든 구성원이 진심으로 임했다. 〈러브레터〉 상영 당시에는
멤버들이 각자 소장하고 있는 책을 가져와 300권이나 되는 책에 일일이
도서카드를 꽂아두며 영화 속 장면과 이어지게끔 했다. 멤버들이 정성을
쏟은 만큼 공간을 경험하고 간 사람들의 리뷰도 밀도가 높았다.
왓챠와의 협업은 영화를 매개로 사람들과 관계를 맺고 이어질 수 있음을
경험한 프로젝트가 되었다.

비너스로부터 처음 연락이 온 때는 개관작을 상영하고 있던 3월이었다.
비너스라는 언더웨어 브랜드의 광고대행사 HSAD 측으로부터 연락을
받았는데, 창립 70주년을 맞아 기존에 하지 않았던 형식의 팝업 스토어를
만들고 싶다고 했다. 비너스의 가장 큰 고민은 '엄마 속옷'이라는 인식을
개선하는 것이었다.
　　비너스가 가진 헤리티지는 강조하면서, 보다 젊은 소비층에게 닿을 수
있는 메시지를 기획하는 것이 중요했다. 남녀노소 한 번쯤은 CM송에서
들어본 "사랑의 비너스"를 무비랜드식으로 재해석해 사랑 영화제를
개최해보기로 방향을 잡았다. 사랑이라는 테마는 누구에게나 쉽게 다가갈
수 있는 동시에, 비너스의 자산을 연상시킨다고 생각했기 때문이다.
그리고 비너스의 기능적 강점인 다양한 가슴의 형태에 맞는 솔루션을
제공한다는 점을 모티브로 하여 '사랑의 형태들(Shapes of Hearts)'이라는
테마를 기획했다. 'Heart'라는 단어는 사랑과 심장(가슴)을 동시에 연상시켰고,
비너스가 70년 동안 연구해온 다양한 모양의 가슴을 상상하게 했다.
영화 선정도 다양한 형태의 사랑 이야기로 꾸렸다. 〈박쥐〉, 〈캐롤〉, 〈첨밀밀〉,
〈문라이즈 킹덤〉, 〈아무르〉, 〈조제, 호랑이 그리고 물고기〉, 〈그녀〉까지 7편의
영화를 선정해 흡혈귀부터 어린이, 노인, 인공지능과의 사랑까지 다양한
형태의 사랑을 표현했다. 그리고 공간에는 내 사랑의 형태를 테스트해볼 수
있는 '하트 피팅 서비스' 포토 부스와 비너스의 70년간의 자산을 보여주는
전시를 구성했으며, 기념품으로 7편의 사랑 영화 속 대사가 숨겨진 파자마를
제작해 완판시켰다.

비너스 '사랑의 형태들' 행사는 영화를 매개로 보다 심층적인 브랜드 체험을
제공할 수 있다는 우리의 가설을 증명하는 프로젝트였다. "이제 〈캐롤〉이라는
영화를 보면 비너스라는 브랜드가 떠오를 것 같다", "관심에서 벗어나 있는
브랜드였는데, 무비랜드와 함께한 행사를 경험한 후 새로운 면을 발견했다"와
같은 평이 많았다.

비너스와의 협업을 계기로, 다양한 브랜드에서 이 사례와 같은 협업 제안을
받게 되었다. 뿐만 아니라, 무비랜드를 광고 플랫폼으로 사용하고자 하는
경우도 생기기 시작했다. 아티스트 '츄'는 세 번째 미니 앨범 《Only cry in
the rain》을 발매하며 무비랜드에서 청음회와 뮤직비디오 메이킹 필름 상영,
기자 간담회를 진행했다. 아티스트 이찬혁은 두 번째 앨범 《EROS》 발매
프로모션을 위해 무비랜드 공간에 뮤직비디오에 등장한 오브제를 전시하기도
했다. 동시에 영화 시작 전 〈비비드라라러브〉의 뮤직비디오 프리뷰를
상영해 앨범을 홍보했다. 롯데웰푸드의 '꼬깔콘'은 새로운 맛을 출시하며
무비랜드 관객들에게 시식을 선보이는 샘플링 광고를 의뢰하기도 했고,
이것이 확장되어 니치 퍼퓸 브랜드 '디에스앤더가'와는 시향지를 나눠드리는
샘플링과 동시에 상영 전 광고, 유튜브 콘텐츠 PPL까지 진행했다.
이외에도 약 2년 동안 반스, 컨버스, 라마르조코, 토스뱅크, 카누, 크녹스 등
다양한 브랜드와 협업 사례를 만들었다. 무비랜드와 함께하는 협업을
'팝업 2.0'이라고 부르기엔 개선할 점들이 많지만, 진행했던 B2B2C
프로젝트를 통해 무비랜드의 수익성을 확보하고 공간을 유지할 수 있었다는
점에서 의미 있는 성과였다.

_{회
고} 지속 가능한 구조를
만드는 일

극장 프로젝트에 대해 나를 포함해 많은 사람들이 반신반의했기 때문에, 어찌 됐건 극장을 열었다는 것 자체로 큰 응원을 받았다. 모든 공간이 소위 '오픈 빨'을 받듯이 개관 직후, 전에는 받지 못했던 관심이 쏟아졌다. 〈SBS 8 뉴스〉에 보도되기도 하고, 〈경향신문〉이나 《씨네21》에도 무비랜드 소식이 실렸다. 50%

를 채우지 못할 거라 예상했던 예매율은 평균 80%대를 채웠다. 1,000명이 한 번 오는 공간이 아닌, 100명이 열 번 오는 곳으로 만들자는 목표가 있었는데, 1년 동안 열 번 이상 방문한 단골손님들이 100명 넘게 생겼다.

외부적인 지표와 평가에 더해 내부적인 성취감도 컸다. 모베러웍스 브랜드를 만들 때는 우리가 하고 싶은 이야기, '메시지'가 중요했다면, 무비랜드에서는 그보다 지속할 수 있는 '구조'를 만드는 것이 우선 과제였다. 우리 자신이 메시지를 발신하는 주체가 되지 않더라도, 다른 사람의 입을 통해 이야기를 전할 수 있는 틀을 만들고 싶었다. 무비랜드 큐레이션 시스템은 이를 위한 구조의 기반이 되었고, 약 2년 동안 나름대로 사이클을 잘 굴려왔다고 생각한다. 모베러웍스를 만 3년 채울 때 즈음 한계에 부딪힌 느낌을 자주 받았는데, 무비랜드의 만 3년을 향해가는 지금은 계속해서 새로운 가능성을 꿈꾸게 된다. 브랜드가 진화했다고 느낀다.

아직 개선할 점도 많다. 공간이 가진 물리적인 제약과 전문성의 한계를 큐레이션과 콘텐츠의 질로 해소해야 하는데, 그를 위해서는 리소스를 많이 투여해야 한다. 매달 반복되는 구성 안에서 계속 변주하고 더 나은 결과를 내기 위해, 나를 포함해 멤버들이 지치지 않도록 하는 장치가 있어야 한다고 생각한다. 항상 무식하게 시간을 들이는 방식으로 일하게 되는데, 균형을 무너뜨리지 않으면서도 완성도를 높일 수 있는 방법을 찾아야 한다.

수익 구조에 대한 것은 여전히 숙제다. 브랜드 협업, 외주 프로젝트로 회사를 유지하고 있긴 하지만 무비랜드 자체 기획만으로 자생할 수 있는 구조가 만들어져야 건강하게 지속할 수 있다. 선정된 영화를 매력적으로 보이게 만들어 예매율을 높이고, 영화를 보러 온 사람들이 우리가 마련한 영화적 경험에 돈을 쓰는 과정에서 객단가를 높여야만, 이를 기반으로 더 질 좋은 경험을 만들 수 있을 것이다.

처음 큐레이션 시스템을 기획했을 때, 모시고 싶은 큐레이터를 나열해 리스트를 만든 적이 있다. 하지만 작성하다가 이내 리스트업을 관두었다. 현실적으로 섭외하기 어려울 것 같아 힘이 빠지기도 했고, 막상 어떤 분을 모셔야 할지 뚜렷이 떠오르지 않기도 했다. 지속성의 관점에서 고안한 아이디어였지만 사실 의심이 더욱 컸다. 그러나 이것이 유일한 돌파구였기에 마음을 다잡으며 부딪쳤고, 그러자 거대한 굴렁쇠가 서서히 굴러가기 시작했다.

그때부터는 실전이었다. 굴렁쇠는 불안하게 덜컹거렸고 때로는 무척 무겁게 느껴졌지만, 천천히 전진했다. '이 사람은 연락이 닿기 어려울 거야'라고 지레 포기했던 사람이 친구의 친구로 먼저 찾아오는 일도 있었고, 어느 날은 손님으로 온 사람이 새로운 사람을 소개해주기도 했다. 신비한 우연과 연결의 힘이 작용함을 느낀다.

머릿속으로 큐레이터를 상상했을 때 미처 닿지 못했던 사람과 연결되고, 우연한 계기로 또 다른 사람과 연결된다. 앞으로 우리는 또 어떤 사람들을 만나게 될까? 어느 곳으로 갈지 모르겠지만 그래서 더욱 기대된다. 지금 함께 일하는 멤버들과 같이 세계 곳곳의 재미있는 사람들을 만나고, 그들의 이야기를 듣는 꿈을 꾼다.

큐레이터
문상훈 인터뷰

Q.

무비랜드의 첫 번째 큐레이터로 참여해주었다. '사람은 언제 웃는가'라는 테마로
코미디 영화 네 편 〈행오버〉, 〈찬실이는 복도 많지〉, 〈반칙왕〉, 〈소림축구〉를 골랐
다. 난처할 때 웃고, 누군가의 애잔함을 보며 웃기도 하고, 상상이 이뤄지는 순간
이나 삶이 빡센 순간에도 웃는다는 이야기가 인상적이었다. 최근에는 언제 웃었
는지 궁금하다.

　　　상훈:

예전 빠더너스 영상들을 보면서 웃었다. 술 먹으면 한 번씩 보는 것 같다. 군인 브이로그
같은 것들인데, 당시엔 말도 안 되게 찍었다. 그 시절엔 잘 안 하던 편집 장난 같은 것들도
많고. 뭔가 서툴지만 더 원석에 가깝다. 요즘은 욕도 잘 안 하고 하더라도 삐 처리 하는데
예전에는 욕도 시원하게 하고 그래서인지 더 웃겼던 것 같다. 세월이 쌓여 우리 작업들을
좀 더 메타적으로 보게 되면서 좋아지는 게 있다. 〈무한도전〉의 유명한 에피소드를 볼 때,
'당시엔 몰랐는데 저 때가 박명수가 예비 신부랑 싸웠을 때구나' 하면서 더 좋아하게 되는
것처럼. 편집 당시에서의 웃음이 아닌, 시간이 지난 후의 웃음.

Q.

지금 시점에서 영화를 다시 한번 골라본다면 어떤 영화를 고르고 싶나.

　　　상훈:

미타니 코키 감독의 〈멋진 악몽〉. 2012년에 나온 일본 영화인데, 〈웰컴 미스터 맥도날드〉
를 만든 감독의 영화다. 감독이 밀푀유처럼 이야기의 플롯을 굉장히 촘촘하게 짠다. 좋아
하는 표현 중에 "입이 아니라 뇌로 웃는 느낌"이라는 말이 있는데, 그런 영화다. 입으로
웃는 게 얼굴로 깔깔 웃는 거라면 뇌로 웃는 건 〈오피스〉 볼 때처럼 '이런 거 진짜 재밌다'
라고 생각하면서 보게 되는 것. 〈웰컴 미스터 맥도날드〉는 빠더너스 스타일에 영향을 준
작품이기도 하다. 이 영화는 이야기 속의 이야기인데, 그런 다층적인 면이 좋다. 〈멋진 악

몽)은 〈웰컴 미스터 맥도날드〉보다 조금 더 어려운 느낌이긴 하다. 보통 감독님들이 두 번째 작품 정도에 큰 성공을 거두고, 서너 번째 작품을 찍은 후에 '이게 이 감독이 제일 하고 싶은 거였네' 싶은 작품이 있지 않나. 〈멋진 악몽〉이 그런 작품 같다.

Q.
영화를 고른다는 것은 취향을 드러내는 일이기도 하다. 문상훈이라는 사람의 취향을 좋아하는 사람이 많다. 스스로 어떤 취향을 갖고 있다고 생각하는지.

상훈:
천박한 것 중에 고고한 것. 〈건축학개론〉에 그런 대사가 있다. 세상에 예쁘고 착한 애가 어디 있냐는 말에 "예쁜 애들 열 명 모아봐. 그중에 제일 착한 애가 예쁘고 착한 애야"라는. 그 표현 방식이랑 비슷한 얘기다. 자본주의적인 것 중에 제일 예술적인, 혹은 예술적인 것 중에 제일 자본주의적인. 예전 싸이월드에서 유행했던 체 게바라의 말이 있다. "우리 모두 리얼리스트가 되자. 그러나 가슴속에는 불가능한 꿈을 갖자." 현실주의자 중에 제일 낭만주의자가 되고 싶은 거 같다. 현실은 어둡고 답답하고 짜증나지만 그중에서도 제일 낭만적인 것을 좇는 이야기를 좋아한다. 그게 고고하기만 한 것, 혹은 자극적이기만 한 것보다 훨씬 매력이 있다. 우리가 5년 넘게 이어오며 꾸준한 사랑을 받고 있는 브이로그의 촬영에 휴대폰을 고집하는 것도 비슷한 이유에서다. 촬영 스펙을 높일 수 있는 여건이 되었음에도, 가장 저렴한 장비로 가장 높은 단가를 형성한다는 것에서 오는 프라이드 같은 게 있다. 그런 언밸런스를 좋아한다.

Q.
'코미디 영화를 찾아서' 편에서 칸 영화제와 할리우드에 다녀온 것을 보았다. 코미디 영화를 수입해오는 프로젝트를 보며, 빠더너스 팀과 무비랜드 팀이 '영화'라는 접점이 생긴 것 같아 반가운 마음이었다. 어떻게 프로젝트를 시작하게 되었나. 그리고 수입을 결정하는 코미디 영화의 기준이 있는지 궁금하다.

상훈:
코미디 영화 수입 프로젝트는 '책임 없는 쾌락'에 가깝다. 영화를 만드는 일은 노력과 자본, 책임이 필요한 일이지만, 수입하는 일은 그보다 책임은 덜하면서 만족감은 큰 일 같았다. 요리할 때 만드는 동안 음식에 질린다고 하는 것처럼, 영화도 오랜 시간 붙잡고 있다

2024년 3월 '브라더-후드' 감사제 행사 날. 빠더나스 팀과 소호, 모후

보면 비슷하지 않을까 생각했다. 물론 그 시간만큼의 애정은 생기겠지만. 영화를 수입하는 것은 처음의 설렘과 애정을 유지한 채로 연애를 하는 기분이다.

영화를 고르는 기준은 주관적이다. 예술적인 영화를 구분할 수 있는 안목은 없지만, 우리가 뭘 좋아했었는지에 대한 기억은 확실히 있다. 그 시절 우리가 좋아했던 팝콘 영화. 어떻게 만드는지는 모르지만 먹어보면 '그때 먹었던 마파두부구나' 알 수 있다는 생각으로, 열심히 마파두부를 찾았다. 이번에 수입하는 영화가 칸 필름 마켓에 간 첫날 두 번째인가 세 번째 영화에서 찾은 작품이다. 주변에서 그렇게 바로 찾기가 쉽지 않은데 운이 좋다고 했다. 처음엔 인사치레인 줄 알았는데, 그 후에 할리우드와 홍콩 필름 마켓에 가보니 정말 쉽지 않더라. 운이 좋은 게 맞았다.

Q.
코미디 영화 수입 프로젝트에서 개인적으로, 팀 내부적으로 세운 프로젝트 성공
의 기준이 있나.

상훈:

주변에서 들으면 속 터지는 이야기라 할 수 있지만, 영화진흥위원회나 KMDb 한국영화 데이터베이스에 이 영화가 올라가는 것만으로도 성공이라 생각한다. 인생의 버킷 리스트 하나를 이룬 거니까. 무사히 개봉하면 성공이다. 군대 같은 느낌. 군대도 일단 갔다 오기만 하면 성공이니까. 나아가서 보시는 분들이 이 영화 빠더너스 스타일이라고 하면서 봐주신다면 그 또한 이 프로젝트의 성공이자 우리 커리어의 성공이라 생각한다.

Q.
코미디 영화 수입, 30살 넘은 밴 '처비'와 함께하는 전국 여행, 최근 이사를 마친
작업실... 빠더너스 팀의 활동을 보면 하고 싶은 일을 하나씩 실현하면서 살고 있
는 것 같다. 문상훈과 빠더너스 팀을 일하게 만드는 동력이 무엇인지 궁금하다.

상훈:

작년 연말 사무실도 이사하고 처비도 샀는데, 사실 그때 번아웃처럼 힘들었다. 작년 하반기에 많이 바빠지면서 광고성 콘텐츠도 많아지고, 제작에 있어 신경 써야 할 것도 많았다. 지친 상태에서 재미나 의미도 잘 못 찾겠더라. 사무실 이사를 하고 꾸밀 때도 '나만 즐겁나?' 그런 생각에 신도 안 나고 동력이 떨어졌던 것 같다. 중고 밴 '처비'도 오랜 로망이

었는데, 막상 사보니 관리하기도 어렵고 관심 있어 하는 사람도 많이 없는 것 같고. 그래서 좀 힘든 시기를 보냈다. 일부러 일에서 멀어져보기도 하고, 반대로 일부러 더 다가가 보기도 했다. 모든 일의 시작은 문제 인식이라고, 동료로부터 그때 상황에 대해 객관적인 말을 듣기도 하고. 해가 바뀌고 날이 따뜻해지면서 많이 해소됐다. 그러면서 깨닫게 된 점은 무엇이든 프로젝트의 과정 자체가 나에게 굉장히 중요한 동력이 되었다는 것이었다. 새로운 일을 착수했고, 수행하는 동안의 즐거움이 있었고, 사람들의 기억 속에 의미 있고 보람된 방향으로 완료가 되었다는 것을 알게 되었다.

Q.
최근 문상훈을 힘들게 하는 점에 대해서도 묻고 싶다.

상훈:
영화를 수입하고 개봉하는 과정에서 영점 조정을 맞추는 일이 최근의 어려움이다. 영화만큼 취향을 과신하기도, 남의 취향을 깎아내리기도 쉬운 것이 없는 것 같다. 영화라는 원심력에 가까운 사람일수록 요즘 말로 꺼드럭대기 좋으니까. 영화 좀 봤다 하는 사람들이 영화를 더 엄하게 대하는 것 같다. 유튜브 영상을 만들 때는 어느 정도 어떤 사람들이 보겠다는 예상이 되었고, 타율이 맞았던 부분이 있었다. 예를 들어 '오당기' 같은 프로그램은 잔잔하고 감성적인 성향의 사람에게 먹힐 것 같았고 실제로 그랬다. 영화는 그게 가늠이 안 된다. 무비랜드도 비슷한 고충이 있을 것 같다.

Q.
다사다난했던 지난 시간 동안 함께한 멤버들을 보면 뭉클함을 느낀다. 함께 그리는 꿈이 있다면.

상훈:
오래된 멤버들과 가끔 술 한잔할 때, 고이지 말자고 얘기한다. 관성적으로 일하지 말자고 다짐을 하는데, 그러려면 더 노력해야 하는 것들이 너무 많아서 역설적으로 그냥 시스템화하는 게 더 편한가, 라는 생각도 한다. 그래서 효율을 추구하는 기업들이 그런 식으로 하는 건가 싶기도 하고. 여전히 잘 모르겠지만, 오래오래 좋아하는 사람들과 즐겁게 일하고 싶다. 이 마음은 변함없다. 그러려면 다시 돌아가 고인 사람이 되지 않아야 하는 것 같고, 계속 노력해야 되는 것 같다.

Q.

오래오래 좋아하는 사람들과 즐겁게 일하고 싶다는 마음에 공감한다. 《무비랜드 메이킹
북》도 일을 오래 지속하는 것에 대한 이야기이기도 하다. 마지막으로 일을 오래 지속하
기 위해 중요한 것이 무엇이라고 생각하는지 물어보고 싶다.

상훈:

공자 《논어》에 '불가근불가원(不可近不可遠)'이라는 말이 있다. 너무 가깝지도 너무 멀지
도 않게 있어야 한다는 뜻이다. 처음 유래가 조금 웃기다. 소인배를 대할 때 가까이하면
다치기 쉽고, 멀리하면 해코지하니 적당한 거리를 두어야 한다는 말에서 유래했다고 한
다. 처음 가까워질 때는 온갖 수사를 다 쓰면서 꿈을 꿨던 것 같다. 예를 들자면 "우리는
이제 고잉 메리호를 탈 거야. 우리 항해에 함께해주는 친구들 너무 고맙고, 우리는 공동
운명체야. 우린 하나야. 나는 너네가 제일 친한 친구인데 너네도 그렇지…" 같은 말들. 근
데 그러면서 본의 아니게 상처를 주고받기도 했던 것 같다. 반대로 멀리하자니 그것도 어
렵다. 빠더너스에 합류한 사람들이 대기업 같은 복지나 환경을 바라면서 온 것도 아니고
이 집단에 애정을 갖고 모이는 사람들인데, 이 사람들을 너무 일처럼 대하면 안 되는 것
아닌가. 항상 우리 즐겁게, 놀듯이 일하자고 이야기하는데, 오래 함께하는 관계가 되기 위
해 '불가근불가원'의 적당한 거리감이 중요함을 느낀다.

별
첨
파트너 왓챠 팀
회고 인터뷰

Q.
무비랜드 협업 사례가 전무했던 개관 초기, 왓챠가 처음으로 브랜드 협업 메일을
준 파트너였다. 어떻게 무비랜드를 발견하고 협업 제안을 하게 되었나?

왓챠 세영:

왓챠 슬랙 안에 '크레이지 아이디어'라는 채널이 있다. 마케팅팀이 아니더라도 회사 구성
원이라면 누구나 아이디어를 던지고 갈 수 있는 채널인데, 그중에 한 분이 모티비 유튜브
링크를 올리면서 '모베러웍스가 극장을 만든다'라고 공유했다. 그 당시에는 극장 프로젝
트 초기여서 관련해 아이디어가 발전되지 않고 있다가, 양치우 이사님이 왓챠 팀에 합류
하면서 그 아이디어를 다시 발굴해서 연락을 넣게 되었다.

왓챠 제인:

기존의 많은 영화관들을 알고 있었지만, 무비랜드는 정형화된 모습을 갖추지 않고 있었
기에, 오히려 같이 새로운 시도를 해볼 수 있지 않을까 생각했다. 왓챠는 다른 OTT보다
유저와 긴밀하게 소통하는 브랜드이고, '취향의 발견'이라는 메시지 차원에서도 두 브랜
드가 딱 부합된다고 느꼈다.

Q.
왓챠파티@무비랜드 프로젝트의 목표가 가장 이상적으로 구현된 회차는 무엇이었나?

왓챠 병문:

〈오피스〉 회차. 사실은 드라마나 시트콤을 극장에서 보는 경험은 하기가 쉽지 않다. 그런
점에서 의미가 있었고, 왓챠와 무비랜드 안에서도 〈오피스〉 덕후들이 많아서, 이 작품을
선정하고 어떤 에피소드를 골라야 하는지 회의를 하는 과정도 의미 있고 재미있었다. 〈오
피스〉라는 시트콤 안에 밈의 요소들도 굉장히 많았는데, 팬들이라면 딱 보고 좋아할 만한
요소들을 잘 살려 구현하고 그것을 손님분들이 하나하나 발견하는 것을 볼 때 재밌었다.
공지하지 않았는데 〈오피스〉 룩으로 맞춰서 입고 오시는 분들도 있었고, 제일 왓챠파티스

럽게 했던 것 같다. 취향을 가진 사람들이 더 신날 수 있게 판을 깔아주는 게 왓챠파티라는 생각이 들었다.

왓챠파티@무비랜드 5월 〈오피스〉 상영회.
매표소에 설치한 마이클 동상(다.

왓챠 제인:

왓챠가 온라인상에서 유저하고 긴밀하게 소통하는 브랜드이긴 하지만, 실제로 오프라인에서 어떻게 콘텐츠와 만나는 경험을 설계해야 할까 고민했다. 에피소드 모음도 우리끼리 평가표를 만들어서 밤 11시에 모여 어떤 걸 틀지 토의를 했던 기억이 난다. 〈오피스〉에 대한 강한 열망이 있었기 때문에 정말 열심히 했었다.

왓챠 세영:

〈후아유〉도 기억에 남는다. 왓챠파티가 내가 보고 싶은 콘텐츠를 함께 보는 기능인데, 〈후아유〉는 영화 선정부터 관객 한 분의 신청을 받아 그분과 함께 만들었기 때문에, 왓챠라는 제품에서 하고 싶은 이야기를 밖으로 빼내 보이는 느낌이었다. 특히 정말 운명적으로 사연을 신청했던 분이 이 영화의 제작사였던 명필름 심보경 대표님의 따님이었어서, GV처럼 대표님과 이야기하는 시간도 가졌다. 영화의 팬분이 영화 속 복장으로 방문하시기도 했다. 그 시기가 우리가 모두 지쳐갈 때쯤이었는데, 〈후아유〉를 골라주신 휴리 님이 '이 모든 걸 준비해준 팀에게 너무 감사하다'는 회고글을 남겨주셔서 덕분에 에너지를 얻고 끝까지 1년을 채울 수 있었다.

왓챠 팀에서 엄선한 〈오피스〉의 에피소드로 구성한 상영 시간표

Q.

왓챠파티@무비랜드는 1년간 매달 셋째 주 수요일에 오프라인 행사를 여는 장기
프로젝트였다. 왓챠 팀 내부에서 느낀 운영의 난이도는 어땠나?

왓챠 세영:

난이도는 극상이었다. 한 행사가 끝나면 바로 또 다음 행사를 준비해야 했고, 이 업무만
있는 것이 아니기에 1년을 이어오는 것이 상당히 힘들었다. 장기 프로젝트 자체도 처음이
어서, 매회 에너지를 쏟는다는 게 쉽지는 않았다. 왓챠가 워낙 콘텐츠에 진심이기도 해서,
그것을 현장에 어떻게 녹여낼 수 있을까 기획 회의를 하는 데만도 시간이 오래 걸렸었다.

무비랜드 대현:

에너지를 항상 유지해야 손님분들도 만족하고 오실 수가 있으니 힘들긴 했다. 무비랜드
팀에서도 장기 프로젝트이자 브랜드 협업 프로젝트를 운영한 게 처음이라 어려웠던 기억
이 많이 남는다.

왓챠 제인:

왓챠 내에 다양한 콘텐츠가 있기에, 다양한 주제의 것들을 꺼낼 수 있겠다고 초창기에 생
각을 했다. 그래서 초기부터 여러 회차들에 대한 아이디어가 있었는데, 그것을 어느 회차
에 어떻게 풀지 전략적으로 구현해가는 게 어려웠다. 중간에는 이 회차가 왓챠파티라는
프로젝트에 정말 맞는 것인지 헷갈리는 회차들도 있었다.

Q.

이번 프로젝트를 통해 왓챠에게 변화된 부분이 있다면?

왓챠 제인:

사실 이전까지는 일하면서 왓챠라는 브랜드가 온라인에서만 존재한다고 느껴왔었다. 하지만 이번 무비랜드와의 행사가 그 경계를 허물 수 있는 계기가 되었고, 사람을 직접 만나는 경험에 강력한 힘이 있다는 걸 알 수 있었다. 앞으로는 왓챠가 유저들을 직접 만나는 기획도 더 해볼 수 있겠다는 생각이 든다.

왓챠 세영:

처음 프로젝트를 시작할 때 '왓챠파티의 고객을 많이 유치하겠다' 같은 수치적인 목표는 없었다. 그런데 결과적으로 다른 캠페인을 진행했을 때보다 진심으로 후기를 남겨주시는 분들이나 피드백을 주시는 분들이 많았다. 아직까지도 이 정도의 정성스러운 피드백을 확인할 수 있는 캠페인이 없다. 왓챠 마케팅팀에는 아주 오래전부터 'OTT 플랫폼 특성상 유저를 오프라인에서 결합시키기는 어려울 거야'라는 가설이 있었다. 그런 전제를 깔아두고, 당연히 유저들이 개인을 드러내고 싶지 않을 것이라고 생각하며 기획을 했는데 와서 보니 그게 아니었다. 마지막 회차 때는 영화를 예매하지 않았는데도 응원해주고 가신 분들도 많았고, 종료를 아쉬워하시는 분들도 많았다. 작업자 개인으로서도 무비랜드 프로젝트를 하고 나서는 기획의 범위가 넓어지고 새로운 시도를 더 많이 해볼 수 있게 되었다.

왓챠 병문:

콘텐츠와 취향은 양방향일 때 더 큰 시너지와 의미가 생긴다는 걸 깨달았다. 생각보다 더 넓은 범주의 분들이 찾아와주시고, 많은 사연을 가진 분들이 찾아오셨다. 엄청 멀리에서 오신 분도 계셨고, 부모님과 같이 오셨던 분도 계셨고, 왓챠를 좋아한다고 고백해주신 중년의 여성분도 기억이 난다. 구작부터 다양한 장르가 모여 있는 왓챠의 콘텐츠만큼이나 유저들의 취향 또한 얼마나 폭넓고 다채로운지 이번 기회에 다시금 실감했다.

Q.

함께 1년간 일했을 때 무비랜드 팀과 왓챠 팀은 서로에게 어떤 팀으로 남았나?

무비랜드 지우:

왓챠 팀이 일하는 걸 보면서 '온라인 기반의 서비스를 운영하면서 어떻게 이렇게 오프라

인 활동을 잘하지'라는 생각을 했다. 사람들의 마음에 제대로 꽂는 법을 아는 팀이라고 느꼈다. 지금도 무비랜드를 운영하다 보면 공간 아이디어들이 많이 필요한데, 그때마다 왓챠파티 행사 자료를 다시 꺼내본다.

왓챠 세영:

두 팀이 비슷한 면이 있어서 1년간 잘해왔던 것 같다. 서로가 계속 발전해나가는 게 1년 동안 뚜렷하게 느껴졌다. 왓챠도 프로젝트 진행 속도가 빠른 편인데 무비랜드의 속도도 되게 빠르다고 느꼈다. 결이 맞는 사람들이었고 그런 신뢰를 바탕으로 매달 실험실처럼 다양한 시도를 할 수 있었다. 물론 처음에는 맞춰가는 시간이 필요했었지만, 시간이 지날수록 윗선에서도 실무자 단의 의견을 지지해주시고, 자유롭고 더 재미있게 진행할 수 있었다.

무비랜드 대현:

왓챠 팀 한 분 한 분이 콘텐츠에 몰입해 있다는 게 느껴졌고, 자신이 몰입한 경험을 어떻게 공간으로 옮기는지를 배운 것 같다. 그렇기에 행사 후에 블로그나 인스타 반응들도 보면 사람들이 '진짜'를 느끼고 가신 것 같다. 공간을 연출할 때 가내 수공업을 하는 경우도 많았는데, 그 또한 무비랜드 팀과 왓챠 팀이 만나는 데 굉장히 주요했다고 생각한다.

무비랜드 지우:

〈트루먼 쇼〉 상영 때도 병문 님이 공간에 CCTV를 설치해서 진짜 영화 속에 있는 것처럼 구현을 했었다. 하늘에서 떨어진 조명을 직접 만들기도 했고, 〈오피스〉 때는 스테이플러

가내수공업으로 완성한 '스테이플러가 들어간 젤리' 소품

가 들어간 젤리를 직접 집에서 만들어 오시기도 했다.

왓챠 제인:

내부에서 해결해야 할 부분이 많았기 때문에 직접 손으로 준비하는 것들이 많았다. 예를 들어 〈러브레터〉 회차에서는 영화 속 도서관을 구현하기 위해 개인이 300권의 책을 가져오기도 하고, 모든 책에 도서카드를 꽂아두기도 했다. 누군가가 바라보면 효율적인 방식은 아닐 수 있지만, 그런 과정 안에서 어떤 요소를 구현하고 어디까지 가져갈지에 대한 판단을 계속 해나갔다. 회차를 지나면서 이런 사례가 자연스럽게 쌓여갔고, 매 선택들이 모여 결국 현장에서 진심으로 드러났다고 생각한다. 사실 처음 기획할 때는 우리가 어디까지 할 수 있을지 몰랐는데, 회차를 지나면서 과정이 자연스러워졌다. 1층에서 손님을 맞이한다거나, 2층 공간을 연출하는 등 다각적인 시도를 해볼 수 있었던 행사였다.

무비랜드 지우:

왓챠는 브랜드가 고객들의 이야기를 어떻게 듣고 활용해야 하는지에 특화된 팀 같다. 왓챠피디아의 후기들과 별점을 데이터로 쌓고, 그 데이터를 바탕으로 유저들이 좋아할 만한 포인트를 찾아 소통하는 걸 보면서 많이 배웠다. 프로젝트의 키워드였던 '왓챠파티' 자체도 어떻게 보면 서비스일뿐이지만, 결국엔 영화를 매개로 사람들을 이어주는 것이 핵심 기능이라고 생각한다. 왓챠도, 무비랜드도 결국 이 프로젝트를 통해 영화를 매개로 어떻게 사람들과 관계를 맺어야 하는지를 배운 것이 아닐까 싶다.

VII

운영과 접객의 시행착오

극장 운영의 까다로움

단관 극장은 인력을 운용하기 까다로운 면이 있다. 영화 상영 직전에 몰아서 붐비고, 상영이 시작되면 할 일이 없어진다. 기획 단계에서 운영 시뮬레이션을 해보니 바쁠 때는 네 명이 필요했고, 한가할 때는 한두 명만 있어도 괜찮았다. 몇 명의 운영 인력을 채용할지 감이 오지 않았다. 파트타이머가 맞을지 정직원이 맞을지, 매니저가 필요할지, 기획과 디자인을 담당했던 기존 직원들은 운영에 얼마큼 개입되어야 할지, 전부 미지수였다. 최소 인원 계산도 어려웠다. 매표소, 매점, 기념품 숍 파트별로 1명은 자리를 지켜야 하고, 사람이 몰릴 때 지원해줄 사람이 추가로 필요했지만 바쁜 시간대를 계산해보면 2시간 정도였기 때문에 온전한 1명까지는 필요가 없었다. 3명도 4명도 아닌 3.5명이 필요하다는 결론에 이르자 막막했다. 실제로 운영해보기 전까지 정확한 예측이 어려운 상황에서 다수의 인력을 채용할 수는 없는 노릇이었다.

여러 공간들을 다니다 보면, 공간에서 접객을 하는 사람이 그 공간의 인상을 크게 좌우한다. 아무리 근사하고 아름다운 공간이어도 그곳에서 일하는 사람이 별로이면 모든 기억이 별로인 채로 남는다. 그래서 운영 인력을 구성할 때 더욱 조심스러웠다. 여러 명을 뽑는 것보다 한 명씩 신중하게 채용해서 팀의 DNA를 차근차근 익힐 수 있도록 하고 싶었다.

극장 개관을 준비하던 2월, 첫 운영 전담 직원을 채용했다. 곧바로 서너 명의 운영 인력을 채용하는 대신 기획과 디자인을 담당했던 구성원들이 운영 업무를 함께 소화하는 방향으로 결정했다. 개관 시점에는 나와 모춘을 포함한 모든 멤버들이 운영 업무에 투입되었다. 실제로 운영해보니 4명의 고정 운영 인력이 필요했다. 1명의 운영 멤버를 주축으로 6명의 기획자와 디자이너가 로테이션으로 운영 일을 소화했다. 이후 4월에 두 번째 운영 멤버를, 7월에 세 번째 운영 멤버를 채용했다. 총 3명의 운영 멤버를 중심으로 나머지 멤버들이 1명씩 로테이션으로 근무해 총 4명의 자리를 채우는 방식이 가장 이상적이었고, 이 근무 제도가 현재까지 유지되고 있다. 기획자나 디자이너도 직급에 관계없이 현장 운영 업무를 소화하는데, 실제로 현장의 일을 직접 경험해보는 것과 그렇지 않은 것에는 큰 차이가 있다고 생각하기 때문이다.

현장의 일을 모른 채 상상에 의존해 기획하고 디자인하면, 결과물도 허공에
떠다닌다. '답은 현장에 있다'라는 모토로, 업무 영역의 경계 없이 일하는
것을 지향한다.

오픈하는 시점에 맞춰 첫 번째 운영 매뉴얼을 만들었다. 매표와 상영, 매점 스낵
제조, 실크 프린팅을 포함한 숍의 업무, 청소법, 오픈과 마감에 해야 할 일들을
정리했다. 나름대로 필요한 사항들을 꼼꼼하게 정리하려고 했는데, 막상 일을
할 때는 잘 보게 되진 않았다. 머리로 외우고 몸에 익히는 방식으로 일했다.
결국 매뉴얼은 업데이트되지 않은 채로 방치되었고 어느새 무용지물이 되었다.
　　운영은 각종 사건 사고와의 싸움이었다. 나를 포함해 모든 멤버들이 이와
같은 일에 익숙하지 않은 사람들이어서 애를 많이 먹었다. 수시로 막히는
화장실 변기, 툭하면 고장 나는 탄산음료 디스펜서, 높은 천장의 거미줄,
누수, 결로, 각종 벌레들까지… 계절마다 새로운 골칫덩이들이 생겨났다.
이런 것들이야 해결하면 되는 문제였지만, 영화 상영과 관련된 사고는
정말이지 교통사고처럼 일어났다. 영화 상영 중 갑자기 영화가 꺼지는 일도
있었고, 영사기가 먹통이다 상영 직전 가까스로 작동했던 적도 있다. 예매
오픈이 되고 좌석까지 점유된 상황에서 갑자기 배급사 측으로부터 상영
라이선스 계약 철회를 통보 받았던 적도 있다. 예매자 분들에게 일일이 전화를
돌려 사과를 드리고 취소 처리를 했다. 한 번은 옆집에서 담뱃불이 붙어
작은 화재가 나기도 했다. 다행히 분리수거 박스들이 타는 정도의 경미한
사고였지만, 이런 일이 생길 때마다 마음을 쓸어내리게 된다. 사건 사고들이
생길 때마다 프로토콜을 정리하고 다음에는 더 빠르게 대응하려고 하기에,
나름의 노하우가 생기는 것이 다행이라면 다행이지만, 운영 일에는 언제나
마음을 놓을 수가 없다. 🖎

공간을 운영하며 어느 때보다 문제 해결 능력이 중요함을 느낀다. 크리에이티브
스튜디오로 시작한 만큼 창의력이나 미감을 높이는 것에 치중했는데,
운영자로서 중요한 자질은 문제 해결 능력에 있다는 것을 몸소 체감하고 있다.
그리고 문제 해결 능력은 경험치에서 좌우되기도 하지만, 그보다 돌파하려는

 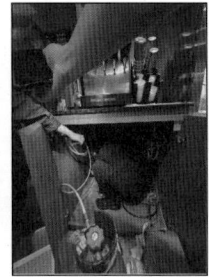  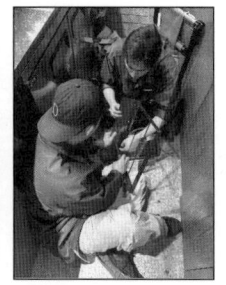

각종 사건 사고들

의지에서 비롯한다는 것을 배웠다. 처음 겪는 문제 앞에서 어떤 사람은
피하거나 모르는 척하고, 어떤 사람은 어떻게든 부딪힌다. 안정적인 상태를
유지하려 하지 않고 혼란과 갈등이 예상되더라도 그 가운데로 뚜벅뚜벅
걸어나가서, 기어코 문제를 해결해내는 사람이 있다. 의식적으로 그런 사람이
되려고 노력한다.

　　지난 2년 동안 문제적 상황을 바라보는 관점이 바뀌었다. 문제가 없는
상황을 만들기보다, 문제가 수면 위로 드러나는 상황을 만들려고 한다.
드러난 문제는 끄집어내 해결할 수 있기 때문이다. 니체는 '나를 죽이지 못하는
것은 나를 더 강하게 만든다'라고 말했다. 공간 운영에도 적용되는 이야기
같다. 공간이 망할 정도의 문제만 아니라면, 지금의 수많은 문제들이 결국 우리
공간의 완성도를 높인다는 믿음으로, 공간을 가꿔나가고 있다.

인사를 잘하자

운영 일에는 경험도 없고 능력도 없었기 때문에 오직 열과 성을 다해
진심으로 임하는 것밖에는 방법이 없었다. 모든 멤버가 손님 한 분 한 분
정성을 다해 접객했다. 전문적이고 세련된 방식은 아니었지만 부박하더라도
솔직하고 친절하게 대하려고 노력했다. 실수가 발생하면, 아마추어 같아
보여 부끄러웠지만 그럼에도 "처음이라 서툴러서 실수했습니다.
양해 부탁드립니다"라고 이야기했다. 잘하는 척하는 것보다 인간적으로
솔직하게 다가갔을 때 손님들도 훨씬 너그럽게 이해했다. 우리 팀의
진정성을 알아봐준 '무비랜드 마스터즈', 단골손님들이 하나둘 늘어갔다.
단골손님들과 반갑게 인사하고, 안부를 묻고, 영화 이야기를 나누는 일의
즐거움을 알게 되었다. 2만 원이라는 비싼 티켓 비용을 지불하고 오는 것을
알기에 하나라도 더 드리려는 마음가짐이 기본값이다. 처음 오시는 분들께
'First Visit' 배지를 선물하고, 책갈피로 쓸 수 있는 종이 한 장이라도 더
드리려고 한다. 〈8월의 크리스마스〉 상영 기간에는 더 특별한 선물을 준비했다.
영화 속 초원사진관처럼 직접 사진을 찍어드리고 인화해서 사진관 봉투에

넣어두면, 관람객분들이 그 사진을 찾으러 오는 이벤트를 기획했다. 사진을 찍고 인화되길 기다리기까지 설레는 시간을 선물해드리고 싶었다. 사진을 찍을 때 운영 멤버 제혁은 한석규 성대모사를 하기도 했다. 이런 과정 속에서 운영진들과 마스터즈 사이에 따뜻한 기류가 오고 갔다.

　　멤버들과 손님들 간의 관계는 단지 무엇을 판매하고 소비하는 것 이상이다. 기획하고 구축하던 단계에서는 상상할 수 없었던 관계이기도 하다. 단골손님들은 여행을 다녀오며 간식을 사다주기도 하시고, 꽃을 선물하기도 하고, 팀 워크숍에서 먹으라고 직접 담근 술을 선물하기도 한다. 명절에 떡을 사오시거나 줄 서서 사야 하는 빵을 사다주실 때도 있다. 손수 만든 제품들, 손편지도 받는다. 돈을 받고 장사를 하는 입장에서 이런 선물들을 받는 것은 정말이지 신기할 정도로 감사한 일이다.

2년간 업장을 운영하며 알게 된 것은, 우리가 상상했던 그 이상으로 손님들이 섬세하다는 사실이다. 그들은 사소해서 모를 것이라 예상한 작은 부분까지 알아봐주었다. 티켓에 체크해드리는 네임펜의 종류, 모기용 홈키파의 표면을 검은색으로 칠해 도드라 보이지 않게 만든 것, 멤버들의 수습 기간 종료 소식까지 꿰뚫어 보기도 했다. 인스타그램에 업로드되는 상영작의 개봉일이나 소개글 등의 오타 제보도 받는데, 그럴 때면 우리보다 훨씬 세심한 모습에 부끄러워진다. 그리고 이것이 흠을 잡기 위함이 아니라, 빨리 함께 문제를 해결하고자 하는 마음에서 나오는 것임을 알기에 더욱 감사한 마음이 든다. 때때로 손님들이 한 팀처럼 느껴진다. 그래서 더욱 디테일을 챙기려고 노력한다. 손이 닿지 않는 곳까지 먼지를 닦고, 우리 공간을 너머 골목 전체를 청소하고, 눈에 거슬리는 부분 없이 정리 정돈한다. 카펫과 상영관 의자 청소를 게을리하지 않고, 1년에 두 번은 대청소로 공간 전체를 갈아엎어 정비하기도 한다. 우리가 공간을 아끼는 마음이 고스란히 손님들에게 전달된다는 것을 알게 되었기 때문이다. 🐋

'인사를 잘하자'는 무비랜드에서 중요하게 생각하는 1번 태도다. 우리의 마음가짐이 인사에서부터 시작되기 때문이다. 형식적으로 하는 인사 대신

대청소 날

마음을 담은 인사를 건넸을 때, 상대방의 마음이 다시 나에게로 돌아오고, 이것이 관계의 시작이 된다는 것을 몸소 경험했다. 내가 먼저 진심으로 대할 때, 손님들도 내 이야기에 더 귀를 기울여준다. 반갑게 인사하고, 이런저런 이야기를 두런두런 나눌 수 있는, 동네 극장이 되고 싶다는 생각을 한다. 동네마다 있는 슈퍼나 문방구처럼, 편하게 가서 영화 한 편 보고 나올 수 있는 극장. 동네 슈퍼 주인아저씨랑 안부를 묻고 사는 이야기를 나누듯이, 사랑방 같은 극장이 되기를 바란다.

협업은 감정이 아닌 행동으로

무비랜드의 접객하는 태도에 대해 외부의 칭찬을 많이 들었다. 하지만 외부의 평가와 별개로 내부적인 갈등을 피할 수는 없었다. 개관 이후로 현장은 쉴 새 없이 돌아갔다. 매달 큐레이터를 모시고 큐레이션 상영을 하는 것과 동시에 브랜드 협업, 대관, 광고 등 새롭게 익혀야 하는 일들이 많았다. 기획자와 디자이너는 본업과 운영 일을 함께 소화해야 했기 때문에 업무가 과중했고, 운영 멤버는 그 빈 구멍을 채우기 위해 배로 애써야 했다. 그 과정에서 서로 오해도 생기고 마음이 상하는 일도 생겼다. 무용지물이 된 매뉴얼 대신 긱자의 개인기로 일하는 경우가 늘어났다. 책임감이 앞서 문제를 공유하기보다 혼자 처리하려다가 문제가 커지기도 했다. 각자가 생각하는 일의 기준이 제각각이었는데, 이에 대해 명확하게 정리하지 못했다. 디렉터인 나와 모춘의 문제가 컸다고 생각한다. 명료한 기준을 정하고 서로 대화를 많이 나눠야 하는데, 바쁘다는 핑계로 살뜰히 챙기지 못했다. 자유라는 명목 아래 방임을 했던 것 같다.

업무 하나하나에 기준이 없는 것이 가장 큰 문제였다. 예를 들어 화장실 청소를 하는 것에도 저마다 생각하는 기준이 달랐다. 화장실 청소야 깨끗이 하면 그만이라고 생각했다. 하지만 깨끗하다고 생각하는 지점이 사람마다 다르고, 어떤 사람은 청소에 30분이 필요한 반면 다른 사람은 10분이면

충분하다고 생각했다. 누가 맞고 틀리고의 문제가 아니었다.

처음에는 유연한 자세가 중요하다고 생각했다. 일에 따라 적당히 융통성 있게 처리하면 해결될 거라 여겼다. 하지만 이런 작은 일들이 계속해서 쌓였다. 비단 화장실 청소뿐만 아니라 재고를 확인하고 옮기는 일, 공간의 집기나 소품을 챙기는 일, 물건을 보관하는 방식 등 사소하다면 사소할 수 있는 일들을 각자의 방식대로 처리했다. 누구나 각자의 사고방식이 있기 때문에 서로 이해되지 않는 일도 생겼다. 하지만 그럴 때마다 서로의 의견을 조율하기보다, '왜 저렇게 하지?', '그냥 내가 해버려야겠다'와 같이 생각했다. 며칠, 몇 개월 이런 과정이 반복되면서 생각이 감정적으로 번지기도 했다. '내가 뭘 잘못했나?', '왜 오늘은 늘 하던 걸 안 하지? 피곤한가?' 같은 생각들은 관계의 균열을 만들었다. 그럼에도 이런 이야기를 꺼내서 하는 사람이 누구도 없었다. 무비랜드의 일이 바쁘고 빠르게 돌아갔기에, 이런 것쯤은 별것 아니라 여겼던 것 같다. 괜한 부스럼이라 생각하고 묻어놓기 급급했고, 결국 이것이 쌓여 더욱 큰 문제가 되었다.

무비랜드 1주년을 앞두고 모든 멤버들과 2박 3일 워크숍을 떠났다. 워크숍에서 허심탄회하게 서로 이야기를 나누며, 그동안 갈등의 골이 깊었음을 확인했다. 외부의 성취에 취해 디렉터로서 내부를 챙기지 못한 스스로를 자책했다. 워크숍 이후 업무의 기준을 정리하기 시작했다. 운영 일에 대해 이야기할 때, '감정'이 아닌 '행동' 중심으로 커뮤니케이션하는 게 무엇보다 중요하다고 느꼈다. 너무 사소해서 알아서 하려니 생각했던 것들, 예를 들면 유니폼 복장 규정부터 휴게 시간과 장소 등 모든 일을 뜯어보고 업무의 기준을 정했다. 감정적으로 생각하는 대신 규칙을 지키는 행동에만 집중했다. 모호했던 직급 체계를 정리하고 조직도를 만들어, 각자의 역할과 책임을 분명하게 정리했다. 여전히 개선해야 하는 문제들은 있었지만, 쓸데없는 감정 소모가 줄었다.

무비랜드 1주년을 기념해 '팀 무비랜드'를 테마로 상영하기로 했고, 〈미스 리틀 선샤인〉, 〈스티브 지소와의 해저 생활〉, 〈미드 90〉 세 편의 영화를 선정했다. 오합지졸 가족, 옹졸한 리더, 결핍을 안고 사는 소년이 등장하는 영화로, 결국에는 각자의 방식을 통해 하나의 팀으로 거듭나는 영화들이었다.
세 편의 영화들은 당시 우리의 절실한 마음가짐을 대변했다.

> 서로 다른 사람들이 모여 하나의 팀을 이루는 것은 어려운 일이다.
> 누구나 모난 구석이 있고, 관계는 갈등을 동반한다. 완벽한 팀을 꿈꾸지만,
> 현실은 오합지졸이다. 팀 무비랜드의 1년도 마찬가지였다. 서로 부딪히고,
> 깨지고, 다시 맞춰가는 과정의 연속. 그럼에도 불구하고 함께라서 만들 수
> 있었던 일에 대해 이야기하고 싶다. 문제투성이들이 모여 서로의 문제를
> 기꺼이 받아들이는 순간, 팀은 비로소 시작된다. 녹록치 않은 과정이다.
> 그럼에도 불구하고 함께할 준비가 되었다면. 웰컴 투 헬!
> ― 무비랜드 1주년 기념 상영 테마 소개글

무비랜드 OS 1.0 운영 매뉴얼 구축

1주년을 보내고 약 6개월이 지난 시점, 1년 넘게 함께했던 초창기 멤버
2명이 순차로 무비랜드를 떠났다. 함께 산 넘고 물 건너며 팀워크를
다져왔지만, 추억은 뒤로하고 새로운 팀을 세팅해야 하는 현실을 마수해야
했다. 2025년 9월, 새로운 2명의 멤버 채용을 앞두고 운영 팀에 대한
고민이 깊어졌다.

　운영 멤버들의 빈자리를 기획자와 디자이너가 번갈아가며 채우는 동안,
운영 업무를 재정비했다. 일단 매뉴얼 구축이 가장 절실했다. 오픈 초기에
비해 세세한 규칙과 기준을 명시한 매뉴얼이 생기긴 했지만, 여전히
산발적으로 정리되지 않은 채 공유되고 있었다. 더욱 보기 쉬운 형태로,
명확한 카테고리를 구분하고, 지속적으로 업데이트가 가능한 형식으로
만들어야 했다.

　운영 매뉴얼의 목적은 '사람'이 아닌 '시스템'에 의해 일이 돌아가도록
만드는 일이었다. 일하는 방식이 누군가의 머릿속에만 머무르지 않고, 누구나
알기 쉬운 언어로 정리되어 있어야 한다고 생각했다. 한 사람이 없어도 다른

사람이 누수 없이 그 자리를 채우도록 만드는 것을 목표로 매뉴얼을 정리하기 시작했다. 무인양품이나 유니클로처럼, 이미 탄탄한 운영 매뉴얼을 갖고 있는 회사의 방식을 찾아보고 공부했다.

이를 토대로 우리 팀에 필요한 매뉴얼을 정리했고, '무비랜드 OS'라는 이름을 붙였다. OS는 Operating System의 약자로, 기계를 잘 작동시키기 위해 기본이 되는 운영체계를 뜻한다. 아이폰이 잘 작동하기 위해서 iOS가 필요하고 매번 업데이트를 해서 기능을 향상시키듯, 무비랜드에도 OS가 필요하다고 생각했다. OS를 크게 세 가지 카테고리로 나눴다. 누구나 쉽게 모바일과 컴퓨터로 확인하고 수정할 수 있도록 구글 문서 툴을 사용했다.

첫 번째는 'RULES(규칙)' 항목으로, 팀이 지향하는 문화와 규정을 정리했다. 이전에는 팀의 지향점이나 문화에 대한 별다른 설명 없이 운영 업무 중심의 매뉴얼만 있었다. 여러 시행착오를 겪으며, 우리 팀이 지향하는 일하는 방식과 태도에 대한 이해가 선행되어야, 팀의 관점에서 문제와 갈등을 해결할 수 있음을 배웠다.

두 번째는 'MANUAL(매뉴얼)' 항목으로, 상세한 매뉴얼을 정리했다. 크게 '매표소/매점/기념품 숍'으로 공간별로 구분했고, '오픈/운영중/마감'으로 구분해 해야 하는 일을 세세히 명시했다. 사소해 보이는 일이라도 모든 멤버들이 같은 기준으로 일할 수 있게 매뉴얼을 정리하는 것에 집중했다.

세 번째는 'ROUTINE(루틴)' 항목으로, '일간 조례/주간 리뷰/동료 피드백/회의록' 등 루틴하게 진행하는 일들을 기록할 수 있도록 했다. 그리고 모든 항목들을 수시로 업데이트하고 개선해나가고 있다.

운영 매뉴얼을 정비한 이후 새로운 멤버 2명이 합류했다. 이전에는 선임자가 그때그때 필요한 업무에 대한 설명을 해주는 식으로 교육했는데, 이번에는 하루의 시간을 할애해 오리엔테이션을 진행했다. 전체 멤버들과 다 같이 인사를 나눈 후 각자 맡은 일과 조직도를 설명해주는 것으로 오티를 시작했다. 사실 너무 당연하게 입사 첫날 알려줘야 하는 부분이지만 그동안 놓치고 있던 일이었다.

　　디렉터 모춘은 그동안 우리 팀이 어떻게 시작되어 여기까지 흘러왔는지,
우리가 지향하는 브랜딩과 팀워크에 대해 설명했고, 나는 팀이 일하는 방식과
태도, 규칙에 대해 상세히 알려주는 시간을 가졌다. 이후 공간 구성에 대한
설명, 입사 후 주차별로 받을 교육과 목표에 대한 커리큘럼을 설명했다.
'무비랜드 OS' 체계 아래에서 새로운 멤버는 어느 때보다 빠르게 무비랜드
팀에 적응했고, 팀워크는 더욱 단단하게 자리 잡았다.

|회|
|고| 극장을 운영하는
마음

무비랜드는 영세한 업장이다. 하루에 소화할 수 있는 관람객 인원은 90명 남짓인데, 이마저도 모두 판매하기 쉽지 않다. 어떤 영화는 하루 종일 두세 자리만 차기도 하고, 아예 관람객이 없었던 회차도 있었다. 인기가 많은 영화는 금세 매진되어 예매하기 어려운 극장이라는 원성도 듣지만, 또 항상 그런 것은 아니다. 상영관을 텅텅 비워두고 남몰래 한숨을 내쉬었던 적도 많다. 두세 명의 손님을 받기 위해 네다섯 명의 운영 인력이 자리를 지켜야 할 때도 있다. 인건비조차 보존하지 못하는 하루 매출을 보면 덜컥 두려움이 몰려오기도 한다. 극장을 만들고, 유명한 사람들이 많이 오가고, 재미있게 일하는 표면만 보일 수 있지만, 내부적으로는 항상 생존과의 사투를 벌인다. 자생할 수 있는 수익 구조를 개선해야 살아남을 수 있는 실정이다.

현재 무비랜드 팀은 10명이다. 디렉터 2명, 기획자 2명, 디자이너 3명, 운영자 3명의 소규모 조직이다. 팀을 창업한 이래로 최대 인원이라 때때로 버거운데, 누군가에겐 귀여운 수준의 규모일 거다. 처음에는 조직이 작기 때문에 유연하고 자유롭게 운영하는 방향이 맞다고 생각했다. 디자인과 크리에이티브를 기반으로 한 팀이기에 더더욱 그랬던 것 같다. 하지만 조직의 크기와 관계없이, 특히 작더라도 업장을 운영할 때는 단단한 시스템과 규칙, 위계가 필요하다는 것을 알게 되었다. 팀은 작지만, 생각은 큰 조직처럼 해야 생존할 수 있음을 지난 2년간 절실히 배웠던 것 같다. 대기업에서 근무할 때 비효율적이라고 생각했던 제도들도 시스템을 위해 필요하기 때문에 있었다는 사실을 알게 되었다.

오랫동안 브랜드 기획과 디자인 업무를 경험했다. 10년 넘게 회사에서, 그리고 5년 넘게 자영업을 하며 다양한 브랜드들과 일하고, 우리 브랜드를 만들어보기도 했다. 하지만 지난 2년간 무비랜드를 운영하며 새로운 스테이지를 경험했다. 아무리 잘한 기획, 그럴싸한 디자인도 지속적인 운영 없이는 빈껍데기일 뿐이었다. 브랜드의 완성도는 탄탄한 기획과 밀도 있는 디자인이라고 생각했지만, 그렇지 않았다. 오히려 인사말의 적정 온도를 찾는 일, 유리창의 손자국을 닦는 일로 브랜드의 존속이 갈렸다.

좋은 브랜딩이란 무엇일까? 이것에 대해 정해진 답은 없다. 나 역시 생각이 계속 바뀐다. 지금 시점에서 좋은 브랜딩이란 오랫동안 한결같이 자리를 지키고, 사용자와 좋은 관계를 만들어나가는 과정이 아닐까 생각한다. 공간과 사람이 주는 힘을 믿는다. 여러 공간이 생겨나고 사라진다. 내가 다녔던 공간도 마찬가지다. 학창 시절 다니던 도서관의 폐관 소식을 들었다. 비록 공간은 없어졌지만, 그 당시 내가 느꼈던 감정은 고스란히 남아 있다. 책을 대출해주던 사서의 무심한 손길이 아직까지 선명하다. 그 한결같은 무심함이 좋아서 매일같이 그곳을 찾았다.

모춘이 영생하는 공간에 대해 이야기한 적이 있다. 어릴 때 다녔던 음반 가게, 옷 가게는 모두 없어졌지만 기억 속에서는 선명하게 남아 있다고. 그렇기 때문에 그 공간들은 영생하는 것과 마찬가지라고 했다. 극장을 운영하는 마음도 그렇다. 언젠가는 수익 구조의 벽에 무너지는 날이 올지도 모르겠지만, 누군가의 마음속에 영생하는 기억을 만들고 싶다.

별첨 **무비랜드 마스터즈**
손님 인터뷰

Q.

무비랜드가 개관한 초기부터 오셨던 것으로 기억한다. 어떻게 무비랜드에 오게
되셨는지 배경이 궁금하다.

성훈:

원래 유튜브 모티비 채널을 모베러웍스 때부터 열심히 보고 있었다. 훈택 님과 지우 님이
신입 때 제품을 만들던 시절부터 빠짐없이 챙겨봤다. 그러다 어느 날 모춘 님이 소호 님
과 이야기를 하다가 '극장을 만들겠다'고 말하는 걸 보고는 충격을 받았다. 극장을 만들
거라고는 당연히 예상 못 했고, 또 멋있는 거를 하겠구나 생각했다.

Q.

갑자기 극장을 만든다고 했을 때와 실제 구현되었을 때는 어떤 느낌이었나?

성훈:

'과연 할 수 있을까?'라는 생각도 있었지만, 2년 동안 극장 만드는 과정을 지켜보면서 같
이 만드는 느낌이 들었다. 대구에서 살고 있다가, 극장 오픈 직전 겨울에 서울에 올라온
적이 있는데, 그때 공사 중인 콘크리트 벽을 만져보고 갔다. 그러다가 오픈 후 모춘 님의
큐레이션이었던 〈대부〉를 처음 보러 왔다. 그때 기억이 생생한 게, 영화 상영 직전에 뛰어
와서 숨이 가빴는데, 모춘 님이 '맥주 한잔하실래요?'라고 말해주셨다. 그때 '와, 멋있다'
라는 느낌이었다. 영상에서 만들어지는 과정을 직접 봐서 그런지 감격스럽기도 하고 진
짜 해내는 것이 신기하기도 했다.

Q.

개관한 이후로 무비랜드에 거의 90번 이상을 방문했다. 항상 지정석으로 A4 좌석
을 예매하시는데, 그 자리를 애정하게 된 계기가 있나?

성훈:

개관한 한 달 동안 여러 자리에 앉아보면서 초점을 맞추는 과정을 보냈다. A열에 집착하게 된 계기는 〈대취협〉 상영 때였는데, 하루만 상영하는 영화여서 경쟁이 치열했다. 티켓팅을 놓쳤다가 겨우 A열의 취소표를 잡아서 앉았는데, 큰 스크린과 사운드에 완전 흠뻑 빠져서 영화를 보게 됐다. 그 뒤부터는 다른 좌석에 앉았을 때 그때의 충격이 느껴지지 않아 A열에 앉게 되었다. A열 관람자에게 제공하는 무료 팝콘이나 음료를 받지 않는 이유는, 영화에 몰입하기 위해서다. 특히 무비랜드이기 때문에 더 몰입하고 싶다. 다른 극장에 가면 영화를 조금 놓쳐도 되고, 흘려보내도 괜찮을 것 같은데 무비랜드는 큐레이터를 살피고, 예매한 뒤에 캘린더에 넣고 하니까 그 시간을 좀 더 제대로 즐기고 싶은 마음이다.

Q.

원래 영화를 자주 보는 편인가?

성훈:

원래 대구에서 살 때는 영화를 거의 안 봤는데, 서울로 올라오면서 무비랜드에 가보고 싶었고, 앞으로 무비랜드에서 영화를 계속 상영할 거니까 영화 보는 취미를 만들어볼까 싶었다. 그렇게 무비랜드를 오가는 게 루틴이 되었다. 다음 달 큐레이터를 기다리고, 다음 영화를 기대하고, 상영 시간표를 챙겨 보는 습관을 갖게 되었는데, 무비랜드가 사라지면 그런 동력이 사라질 것 같다. 무비랜드에서 보면 더 좋은 영화들이 있기 때문에 다른 무언가로 대체하기는 어려울 것 같다.

Q.

'무비랜드에서 보면 더 좋은 영화들'이라고 했는데, 무비랜드다운 영화는 무엇이라고 생각하나?

성훈:

〈코요테 어글리〉도 그렇고, 〈행오버〉, 〈LA 컨피덴셜〉도 무비랜드다운 영화 같다. 대체로 필름 질감이 드러나는 영화들이나 조금은 뻔하고 촌스러운 영화들을 무비랜드에서 보았을 때 더 좋았다. 공간이 인간적인 따뜻한 느낌을 줘서, 웃어도 같이 웃고, 무서운 영화를 봐도 다 같이 무섭고, 슬픈 영화를 보면 다 같이 슬퍼지는 느낌을 받는다. 〈미스 리틀 선샤인〉, 〈기쿠지로의 여름〉, 〈아는 여자〉, 〈반칙왕〉도 무비랜드다운 영화였다.

'무비랜드 라디오'도 진짜 많이 듣는다. 영화 보기 전에도 듣고, 들었던 거를 또 듣기도 한다. 평소에 팟캐스트를 많이 듣는데, '무비랜드 라디오'는 굳이 뭔가를 전달하지 않으려고 하는 편안함이 있다. 늘 공간 소음으로 틀어두는 편이다. 인터뷰이 분들을 편안하게 해주시는 게 느껴지고, 인터뷰이 분들은 또 정성스럽게 영화를 소개해주시니까 듣는 재미가 있다. 검증된 영화를 보고 싶은데, 무비랜드는 큐레이터분들이 정성스럽게 골라주시니까 재미없는 영화도 재밌어진다.

이런 콘텐츠를 제작하는 것도 대단하다고 느끼는 포인트 중에 하나다. 작은 독립 극장들이 영화를 틀고, 굿즈를 주기도 하지만 라디오까지 하는 영화관은 없다. 직접 아트워크 포스터를 그리고, 티켓에 수기로 체크를 해준다는 게, 한 번을 와도 의미가 있는 공간이라는 느낌을 준다. '무비랜드 라디오' 초기에 영화 소개도 없을 당시 모춘 님, 소호 님이 도란도란 이야기 나누셨던 편도 한동안 돌려 들었다. 누군가 정성스럽게 만든 공간을 주기적으로 방문하면 받게 되는 에너지가 있는 것 같다. 〈디스 이즈 잇〉 상영 때 마이클 잭슨 춤을 추고, 〈나우 유 씨 미〉 상영 때 마술쇼를 하고, 〈매트릭스〉 상영 때 사탕을 준다든지, 여기서 일하는 사람이 애써야지만 제공할 수 있는 것들이 되게 재밌었다.

Q.
앞으로 무비랜드가 어떤 공간으로 남았으면 하나?

성훈:

무비랜드에서 봤던 〈24시간 파티하는 사람들〉이 생각난다. 영화 속에 클럽 하시엔다와 그곳을 애정하는 사람들이 나오는데, 무비랜드도 그런 낭만적인 공간이라고 생각한다. 계속 오래 남아주기만 해도 고맙다. 대구에서 상경해서 서울 바닥에 친구도 없고, 취미도 없었는데 무비랜드라는 마음 기댈 곳이 생겨 영화 보는 취미가 생기고, 무언가를 모으는 취미도 생겼다. 무비랜드는 '어떻게 지내시냐' 물어봐주는, 나를 확실히 기억하고 반가워해주는 공간이다. 사실 직원도 아닌데 한 회사의 팬이 되는 게 지금 생각하면 되게 웃긴데, 모베러웍스와 무비랜드를 좋아하고 단골이 되는 일은 자연스러웠다. 오랫동안 응원할 수 있는 공간이길 바란다. 🦉

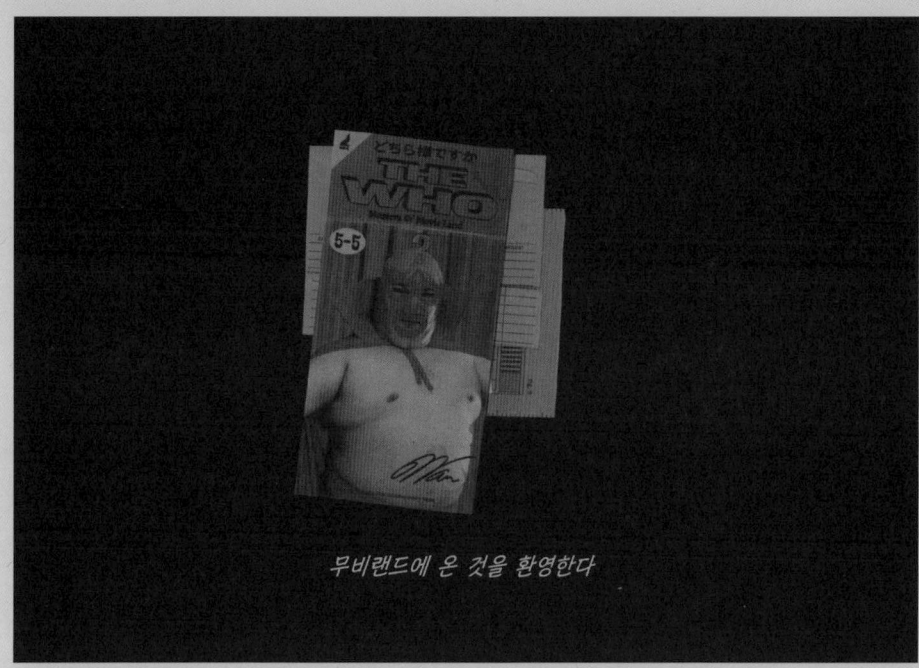

무비랜드에 온 것을 환영한다

무엇이 되었든 지금부터 당신은 무비랜드 마스터다

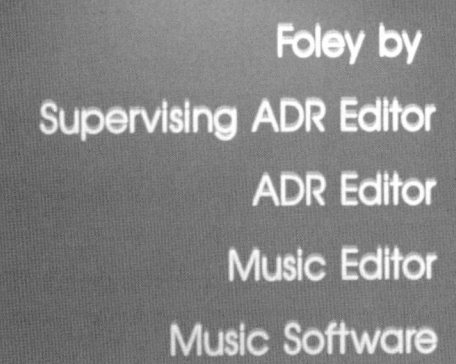

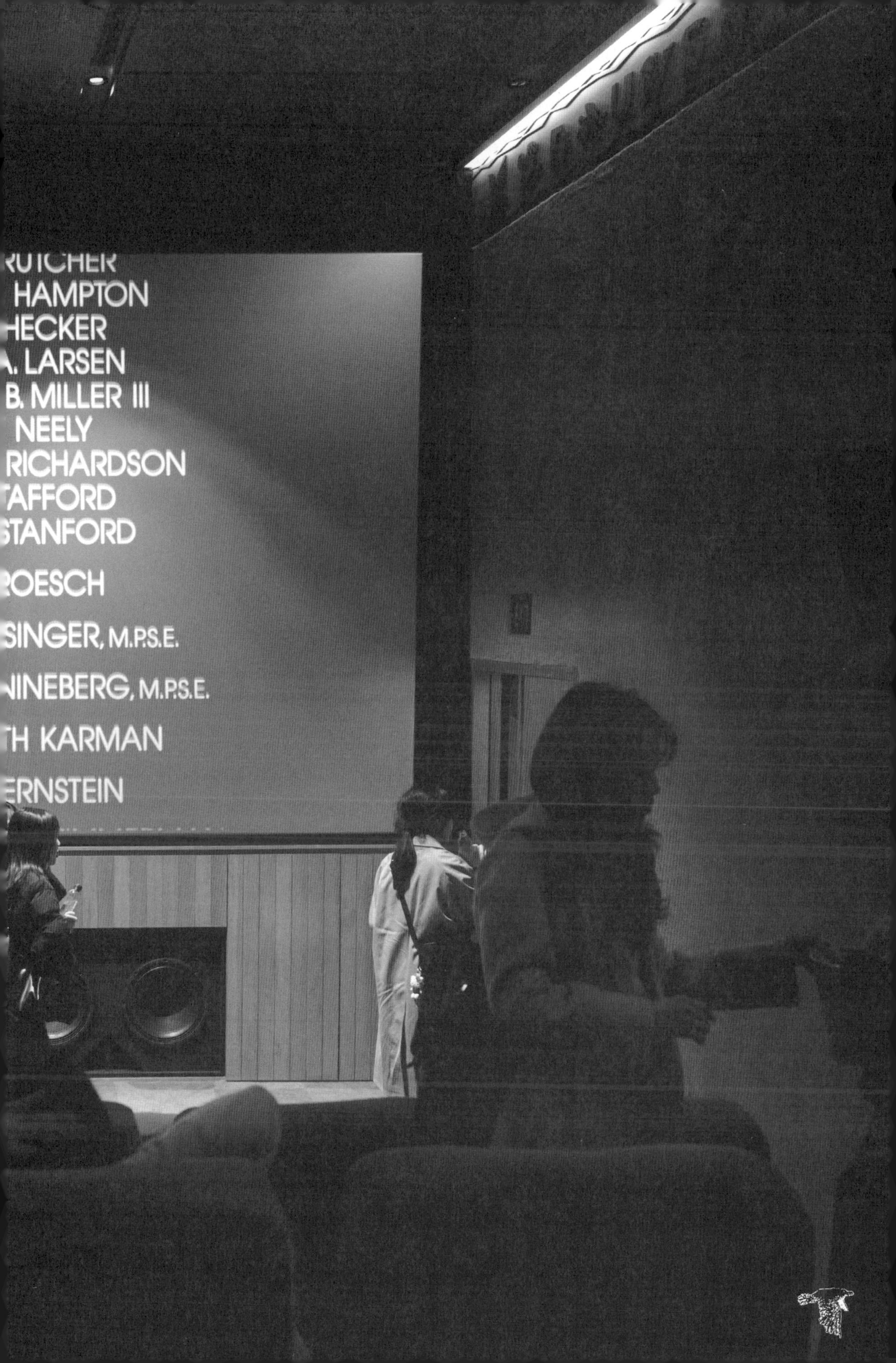
RUTCHER
HAMPTON
HECKER
A. LARSEN
B. MILLER III
NEELY
RICHARDSON
TAFFORD
STANFORD
ROESCH
SINGER, M.P.S.E.
NINEBERG, M.P.S.E.
TH KARMAN
ERNSTEIN

맺음말

"권투는 이상한 스포츠지. 모든 게 거꾸로야. 고통을 피하기는커녕
그 안으로 뛰어드니까."

클린트 이스트우드 감독의 〈밀리언 달러 베이비〉에 나오는 대사다.
극장을 준비하는 2년, 운영하는 2년의 시간도 모든 게 거꾸로 흘렀다.
매일 새로운 과제와 씨름하는 과정은 괴로움의 연속이었다.
주변에서는 만류했고, 사람들의 시선은 차가웠다. 그럼에도 우리는
그 고통 속으로 뛰어들었다.

처음에는 통과해야 하는 '점'이 존재한다고 믿었다. 어디인지 정확히는
알 수 없지만 손에 닿을 것만 같은 지점. 그곳을 향해 계속해서 달렸다.
일을 좋아하니까 일에 대한 브랜드를 만들었고, 영화라는 마르지 않는 샘을
믿고 극장을 만들었다. 하지만 끝내 점에 닿을 수 없었다. 하나의 점이라는
결과가 존재하는 것이 아니라, 모든 것은 과정 속에 있었기 때문이다.
점을 찍은 후엔 즐거움만이 기다리고 있으리라 생각했지만, 기다리고 있는
것은 여전히 산더미처럼 쌓여 있는 숙제들이었다.
　　매주 극장에 나가 팝콘을 튀기고 손님을 만나는 지금, 꿈이란 계속해서
돌아가는 '원'의 형태일 수 있다는 것을 알게 되었다. 어느 때는 기쁘고
충만하지만, 또 어느 때는 머리를 쥐어짤 정도로 힘들다. 기쁨과 슬픔이
반복된다. 삶은 공평해서 결코 한쪽만 주지 않는다. 그럼에도 천천히
원은 굴러간다. 때로는 이기적인 마음에서 작은 원을 그리기도 하고,
때로는 동료들도 품고 나아가 이런저런 사람들도 품으며 큰 원을 그린다.
점 같은 꿈 뒤에는 허망함이 있었지만, 원 같은 꿈을 안고 사는 지금은
반복 속에 자리 잡은 아름다움을 본다.

221

오랜 회사 생활을 끝내고 자영업자로 산 지 만 6년이 넘었다. 재미있게 오래오래 일하고 싶었다. 무비랜드는 재미있는 일을 오래오래 하기 위한 애씀의 과정이다. 허공에서 머물던 생각을 땅바닥에 내려, 매일의 일을 만드는 여정이었다고 생각한다. 각자의 굴레 속에서 이 생각들이 작은 실마리로 닿으면 좋겠다.

무비랜드 메이킹북: 매일의 일을 만드는 여정

초판 1쇄 인쇄 2026년 4월 16일
초판 1쇄 발행 2026년 4월 29일

지은이 소호
펴낸이 최순영

출판1 본부장 한수미
컬처팀 팀장 박혜미
편집 박혜미
디자인 신신
표지사진 스튜디오 도시
본문삽화 모춘

펴낸곳 ㈜위즈덤하우스 **출판등록** 2000년 5월 23일 제13-1071호
주소 서울특별시 마포구 양화로 19 합정오피스빌딩 17층
전화 02) 2179-5600 **홈페이지** www.wisdomhouse.co.kr

ⓒ 소호, 2026

ISBN 979-11-7591-076-8 03320

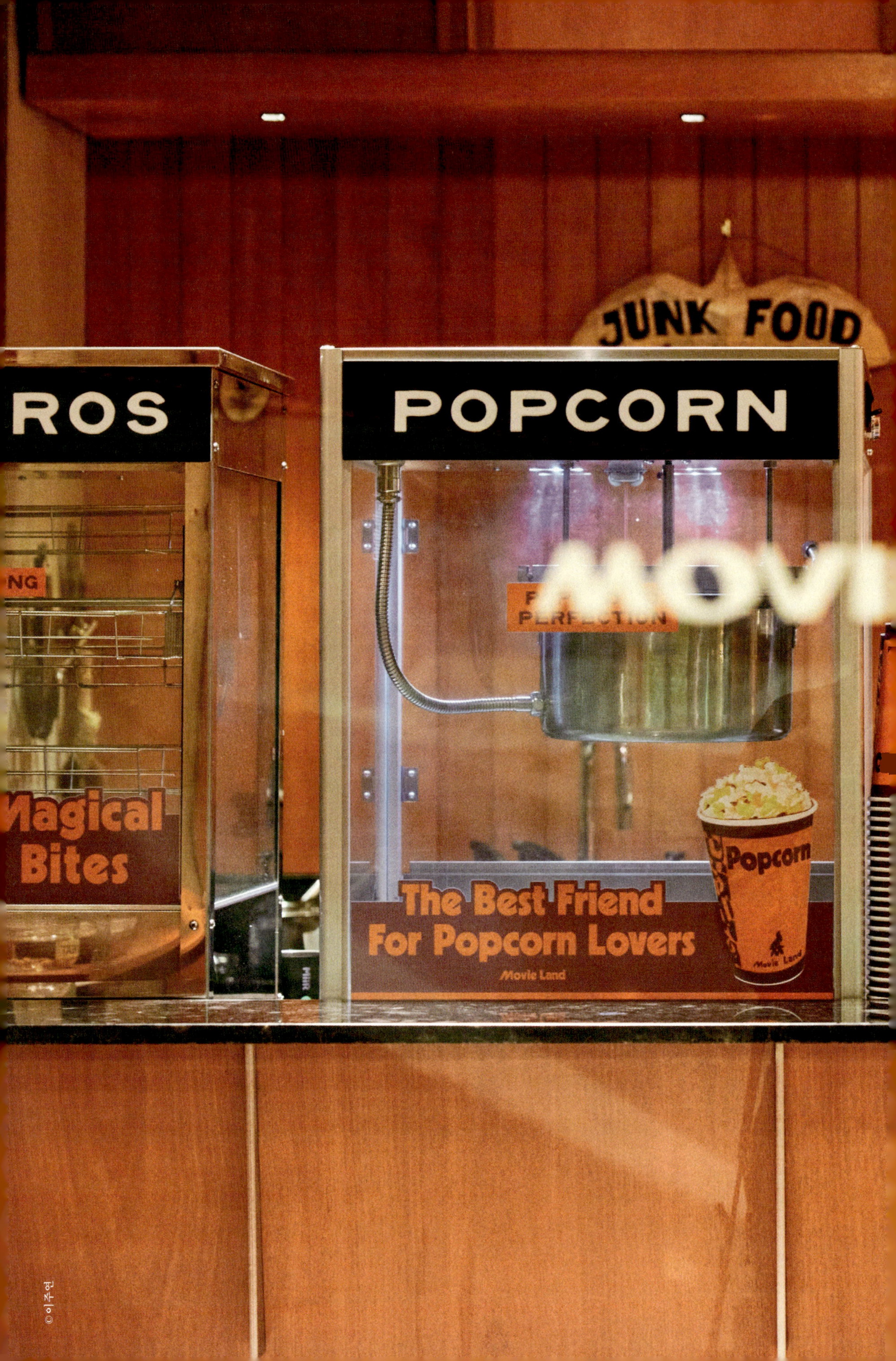

JUNK FOOD

ROS

POPCORN

Magical
Bites

PERFECTION

MOVI

The Best Friend
For Popcorn Lovers

Movie Land

Popcorn

TIME
15:00-17:00   TITLE
BACK TO

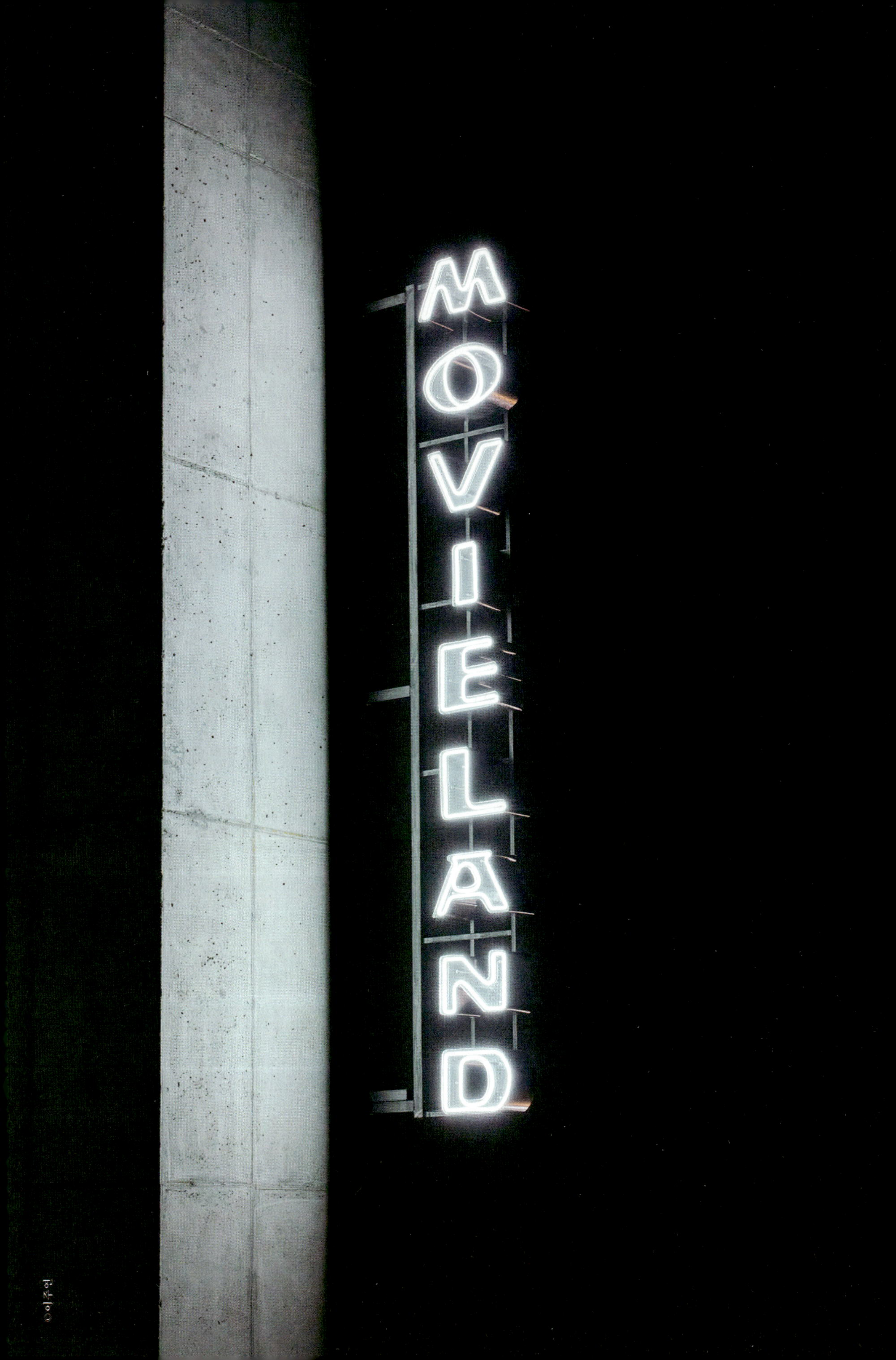

©이주영